453

Merve Verlag

Félix Guattari

Planetarischer Kapitalismus

Herausgegeben und mit einem Nachwort versehen von Henning Schmidgen

Aus dem Französischen übertragen von Ronald Voullié und Frieder O. Wolf

Merve Verlag

»Das neue Bündnis« wurde von Frieder O. Wolf übersetzt, alle weiteren Übersetzungen wurden von Ronald Voullié angefertigt.

Die Copyrightnachweise finden sich am Ende des Bandes.

Wir bedanken uns bei Emmanuelle Guattari und Anne Querrien.

Redaktorat: Elisa Barth

Printed in Germany
Druck- und Bindearbeiten: Dressler, Berlin
Umschlagentwurf: Jochen Stankowski, Dresden
ISBN: 978-3-96273-006-2
www.merve.de

Inhalt

Das Kapital als Integral der Machtformationen

Das Kapital ist keine abstrakte Kategorie, sondern ein semiotischer Operator im Dienste bestimmter gesellschaftlicher Formationen. Seine Funktion besteht in der Aufzeichnung, dem Ausgleich, der Regulierung und der Übercodierung 1.) von charakteristischen Machtformationen der entwickelten Industriegesellschaften, sowie 2.) von Strömen und Kraftbeziehungen, die mit sämtlichen Wirtschaftskräften auf dem Planeten zusammenhängen. In archaischsten Gesellschaften findet man vielfältige Formen von Systemen zur Kapitalisierung von Mächten (Kapital an Prestige, Kapital an magischer Kraft, das in einem Individuum, in einer Abstammungslinie oder einer Ethnie verkörpert ist). Doch anscheinend hat sich nur in der kapitalistischen Produktionsweise ein allgemeines Verfahren der Semiotisierung dieser Kapitalisierung verselbständigt. Es hat sich hier entlang der beiden folgenden Achsen entwickelt:

- einer Deterritorialisierung von lokalen Weisen der Semiotisierung von Mächten, die so unter die Kontrolle eines allgemeinen Systems der Einschreibung und der Quantifizierung der Macht geraten;
- und einer Reterritorialisierung dieses allgemeinen Systems zu einer hegemonialen Machtformation: der Bourgeoisie der Nationalstaaten.

Das ökonomische Kapital, das in monetärer, buchhalterischer, börsenmäßiger Sprache ausgedrückt wird, beruht letzten Endes immer auf Mechanismen der differentiellen und dynamischen

Bewertung von Mächten, die auf einem konkreten Terrain aufeinanderstoßen. Eine erschöpfende Analyse eines Kapitals, ganz gleich welcher Art es ist, würde also die Berücksichtigung von äußerst unterschiedlichen Komponenten beinhalten, die mit den mehr oder weniger monetaristischen Leistungen, zum Beispiel sexueller oder hauswirtschaftlicher Art (Geschenke, erworbene Vergünstigungen, »sekundärer Lustgewinn«, Taschengeld, Ersparnisse usw.), ebenso zusammenhängen wie mit den gigantischen internationalen Transaktionen, die unter dem Deckmantel von Kreditoperationen, Investitionen, Industrieansiedlungen, Kooperationen usw. erscheinen, in Wirklichkeit aber nichts anderes sind als wirtschaftsstrategische Konfrontationen. So gesehen kann jede allzu beharrliche Referenzierung des Kapitals auf ein allgemeines Äquivalent oder auf Währungssysteme mit festen Wechselkursen nur das tatsächliche Wesen der kapitalistischen Unterwerfungs- und Steuerungsprozesse verschleiern, nämlich die Einführung von gesellschaftlichen und mikrogesellschaftlichen Gewaltbeziehungen, von Machtverschiebungen, von Fortschritten oder Rückschlägen einer gesellschaftlichen Formation im Verhältnis zu einer anderen, von inflationären kollektiven Verhaltensweisen der Flucht nach vorn, um einen Bodenverlust wieder gut zu machen, oder schließlich von nicht wahrnehmbaren Machtergreifungen, die erst nach einer Weile ans Licht kommen. Die Referenzmaßstäbe haben keine andere Rolle als die Berechnung, die relative Verortung und die vorübergehende Regulierung. Eine echte Quantifizierung der Mächte gelingt nur unter Einbezug der Semiotisierungsweisen, die einen direkten Einfluss auf die Machtformationen und auf die (materiellen und semiotischen) produktiven Agencements[1] haben, die genau auf den gesellschaftlichen Koordinaten verortet werden.

I. Maschinenarbeit und menschliche Arbeit

Der Wert der Arbeit, die auf dem kapitalistischen Markt verkauft wird, ist abhängig von einem quantitativen Faktor (der Arbeitszeit) und von einem qualitativen Faktor (der durchschnittlichen Qualifikation der Arbeit). Unter diesem zweiten Aspekt der maschinischen Steuerung kann er nicht anhand eines einzelnen Individuums beschrieben werden: zunächst, weil die Qualifikation einer menschlichen Leistung untrennbar von einer bestimmten maschinischen Umgebung ist; dann, weil die Kompetenz des Individuums immer von einer kollektiven Ausbildungs- und Sozialisationsinstanz herrührt. Marx spricht von der Arbeit oft als dem Resultat eines »Gesamtarbeiters«, aber für ihn gehört eine solche Entität zur statistischen Ordnung: Der »Gesamtarbeiter« ist eine abstrakte Person, die sich aus einer Berechnung der »durchschnittlichen gesellschaftlichen Arbeit« ergibt. Diese Operation ermöglicht es Marx, die individuellen Unterschiede bei der Ermittlung des Wertes der Arbeit zu überwinden, der so an eindeutige quantitative Faktoren wie die für eine Produktion

1 »Agencement« ist einer der zentralen Begriffe in *Milles Plateaux* (1980) von Gilles Deleuze und Félix Guattari. In der deutschen Ausgabe *Tausend Plateaus*, übers. von Gabriele Ricke und Ronald Voullié, Berlin 1992, wurde dieser Begriff durchgehend mit »Gefüge« übersetzt (siehe dort S. 12, Anm. 1). Der englische Übersetzer, Brian Massumi, hat sich für »assemblage« entschieden. Um die Dynamik und inhaltliche Vielfalt dieser Beschreibungskategorie, die sich in mancher Hinsicht mit dem Begriff der »Wunschmaschine« [*machine désirante*] deckt, wiederzugeben, scheint es hier geboten, den französischen Ausdruck »einzudeutschen«. (A.d.Ü.)

benötigte Arbeitszeit und die Zahl der beteiligten Arbeiter gekoppelt wird. Davon ausgehend kann er diesen Wert in zwei Teile zerlegen:

- ein Quantum, das der Arbeit entspricht, die für die Reproduktion der Arbeit notwendig ist;
- ein Quantum, das konstitutiv für den Mehrwert ist, der mit der Erpressung einer Mehrarbeit durch den Kapitalismus gleichgesetzt wird.[2]

Eine solche Auffassung des Mehrwerts findet ihre Entsprechung vielleicht in einer Bilanzierungspraxis des Kapitalismus, aber sicherlich nicht in seinem realen Funktionieren, insbesondere in der modernen Industrie. Der Begriff des »Gesamtarbeiters« sollte nicht auf eine Abstraktion reduziert werden. Die Arbeitskraft stellt sich immer durch konkrete Agencements der Produktion dar, die in ihrem Inneren die gesellschaftlichen Beziehungen mit den Produktionsmitteln und die menschliche Arbeit mit der Arbeit der Maschine vermischen. Auch sollte der schematische Charakter der organischen Zusammensetzung des Kapitals, das Marx in das Kapital unterteilt, das mit den Produktionsmitteln

---

2 Marx definiert den Mehrwert folgendermaßen: »Durch Verlängrung des Arbeitstags produzierten Mehrwert nenne ich absoluten Mehrwert; den Mehrwert dagegen, der aus Verkürzung der notwendigen Arbeitszeit und entsprechender Verändrung im Größenverhältnis der beiden Bestandteile des Arbeitstags entspringt – relativen Mehrwert.« Karl Marx, *Das Kapital. Kritik der politischen Ökonomie*, Bd. I, Berlin 1970 [=Marx-Engels-Werke; 23], S. 334. Die Rate des Mehrwerts wird durch die folgenden Formeln dargestellt:

$$\frac{\text{Mehrwert}}{\text{Variables Kapital}} = \frac{\text{Mehrwert}}{\text{Wert der Arbeitskraft}} = \frac{\text{Mehrarbeit}}{\text{Notwendige Arbeit}}$$

Er präzisiert: »Die zwei ersten Formeln stellen als Verhältnis von Werten dar, was die dritte als Verhältnis der Zeiten, worin diese Werte produziert werden.« Ebd., S. 553.

zusammenhängt (konstantes Kapital), und in das Kapital, das mit den Arbeitsmitteln zusammenhängt (variables Kapital), in Frage gestellt werden.

Man erinnert sich, dass Marx die Zusammensetzung von Wert im Kapital (konstantes Kapital, variables Kapital) von seiner technischen, »an Ort und Stelle« geschehenden Zusammensetzung unterscheidet, wobei letztere mit der realen Menge von Produktionsmitteln, die bei der Wertschöpfung eines Kapitals eingesetzt werden, und mit der objektiven Menge der Arbeit, die gesellschaftlich für ihren Einsatz notwendig ist, zusammenhängt. Man geht also zu Recht von einem Spiel des Wertzeichens zu einem Spiel des materiellen und gesellschaftlichen Kräfteverhältnisses über. Die kapitalistische Produktionsweise wird laut Marx mit dem Fortschritt der Maschinerie [*machinisme*] unweigerlich zu einer relativen Verringerung des variablen Kapitals im Vergleich zum konstanten Kapital führen, woraus er ein Gesetz vom tendenziellen Fall der Profitrate ableitet, das so etwas wie das geschichtliche Schicksal des Kapitalismus sein soll. Doch im realen Rahmen der Agencements der Produktion ist die marxistische Weise der Berechnung des absoluten Mehrwerts, die auf der Menge der durchschnittlichen gesellschaftlichen Arbeit basiert – von der ein Teil gewissermaßen von den Kapitalisten geraubt wird –, keineswegs einleuchtend. Der Faktor Zeit stellt nämlich nur einen Parameter der Ausbeutung unter anderen dar. Man weiß heute, dass die Nutzung des Kapitals an Wissen, der Grad der Mitbestimmung bei der Organisation der Arbeit, die »Unternehmensphilosophie«, die kollektive Disziplin usw. für die Produktivität des Kapitals ebenfalls von entscheidender Bedeutung sein können. So gesehen kann man sogar davon ausgehen, dass allein schon die Idee eines gesellschaftlichen Durchschnitts der Stundenleistung für eine gegebene Branche kaum Sinn macht. Es sind die Teams, die Werkstätten, die Fabriken, in denen aus x Gründen eine lokale Verringerung der »produktiven Entropie« auftaucht, die diese Art von Durchschnitt in einem Industriezweig oder in einem Land einführen und »vorantreiben«, während der kollektive Widerstand der Arbeiter, der Bürokratismus der Organisation usw. ihn bremsen. Anders gesagt, es sind komplexe Agencements (die mit der Bildung, der Innovation, den inneren Strukturen, den gewerkschaftlichen Beziehungen usw. zusammenhängen), die den Umfang kapitalistischer Profitzonen begrenzen, und nicht eine schlichte Abschöpfung der Arbeitszeit. Marx selbst hatte übrigens voll und ganz den wachsenden Abstand erkannt, der sich zwischen den maschinischen Komponenten, den intellektuellen Komponenten und den manuellen Komponenten der Arbeit herausbildete. In den *Grundrissen* unterstrich er, dass die Gesamtheit des Wissens dahin tendiert, zu einer »unmittelbaren Produktivkraft« zu werden: »In dem Maße aber, wie die große Industrie sich entwickelt, wird die Schöpfung des wirklichen Reichtums abhängig weniger von der Arbeitszeit und dem Quantum angewandter Arbeit, als von der Macht der Agentien, die während der Arbeitszeit in Bewegung gesetzt werden und die selbst wieder – deren powerful effectiveness – selbst wieder in keinem Verhältnis steht zur unmittelbaren Arbeitszeit, die ihre Produktion kostet, sondern vielmehr abhängt vom allgemeinen Stand der Wissenschaft und dem Fortschritt der Technologie, oder der Anwendung dieser Wissenschaft auf die Produktion.« Er beharrt also auf der Absurdität und dem vergänglichen Charakter eines Wertmaßes, das auf der Arbeitszeit beruht. »Sobald die Arbeit in unmittelbarer Form aufgehört hat, die große Quelle des Reichtums zu sein, hört und muß aufhören die Arbeitszeit sein Maß zu sein und daher der Tauschwert [das Maß] des Gebrauchswerts.«[3]

Nebenbei sei auf die Brüchigkeit dieser letzteren Parallele verwiesen: Auch wenn die absolute Vorherrschaft des Maßes der Arbeitszeit heute vielleicht gebrochen ist, so gilt dies nicht für die des Tauschwertes! Es stimmt, dass der Kapitalismus vermutlich auf ersteres verzichten kann, aber es ist nicht vorstellbar, dass er ein Verschwinden des letzteren als einzig denkbare Folge sozialrevolutionärer Transformationen überlebt. Marx dachte, dass die Aufhebung des Gegensatzes Arbeit-Freizeit mit der Kontrolle der Mehrarbeit durch die Arbeitermassen zusammenfallen würde.[4] Doch leider ist es durchaus denkbar, dass der Kapitalismus selbst das Maß der Arbeitszeit immer mehr lockert und eine Freizeit- und Bildungspolitik betreibt, die um so »offener« ist, je mehr er sie kolonisiert. (Wie viele Arbeiter, Angestellte und leitende Angestellte verbringen heute ihre Abende und Wochenenden damit, sich auf Beförderungen vorzubereiten!) Die Umgestaltung der Quantifizierung des Wertes aufgrund der Arbeitszeit ist also nicht, wie Marx dachte, einer klassenlosen Gesellschaft vorbehalten! Und vermittelt durch das Verkehrssystem, die städtischen, häuslichen und ehelichen Lebensweisen, durch die Medien, die Frei-

---

3 Karl Marx, *Grundrisse der Kritik der politischen Ökonomie*, 2. Aufl., Berlin 1974, S. 592f.

4 »[D]er wirkliche Reichtum ist die entwickelte Produktivkraft aller Individuen. Es ist dann keineswegs mehr die Arbeitszeit, sondern die disposable time das Maß des Reichtums. Die *Arbeitszeit als Maß des Reichtums* setzt den Reichtum selbst als auf der Armut begründet und die disposable time als existierend *im und durch den Gegensatz zur Surplusarbeitszeit* oder Setzen der ganzen Zeit eines Individuums als Arbeitszeit und Degradation desselben daher zum bloßen Arbeiter, Subsumtion unter die Arbeit.«. Ebd., S. 596.

zeitindustrie und sogar die Träume... hat es den Anschein, dass keine Sekunde dem Zugriff des Kapitals mehr entgehen darf.

Man bezahlt dem Lohnempfänger nicht die reine Dauer der »durchschnittlichen gesellschaftlichen Arbeit«, sondern eine Bereitstellung, einen Ausgleich für ein *Vermögen* [*pouvoir*] das über dasjenige hinausgeht, das während der Zeit der Anwesenheit im Unternehmen zum Einsatz kommt. Was dabei zählt, ist die Besetzung einer Funktion, eines Machtmechanismus zwischen den Arbeitern und den gesellschaftlichen Gruppen, die die Agencements der Produktion und die gesellschaftlichen Formationen kontrollieren. Der Kapitalist erpresst keine Verlängerung der Zeit, sondern einen komplexen qualitativen Prozess. Er kauft keine Arbeitskraft, sondern die Macht über produktive Agencements. Die scheinbar seriellste Arbeit, zum Beispiel auf einen Hebel zu drücken oder ein Warnlämpchen zu überwachen, setzt immer die vorherige Bildung eines semiotischen Kapitals mit vielfältigen Komponenten voraus – Kenntnis der Sprache, der Sitten und Gebräuche, der Reglementierungen, der Hierarchien, die Beherrschung von immer abstrakter werdenden Prozessen, der Abläufe, des Ineinandergreifens von produktiven Agencements... Die Arbeit ist keine bloße Zutat oder schlichter Rohstoff der Produktion mehr und ist es wahrscheinlich auch nie gewesen. Anders gesagt, der Teil der maschinischen Steuerung [*asservissement*], der in die menschliche Arbeit eingeht, ist niemals als solcher quantifizierbar – die subjektive Unterwerfung [*assujettissement*] und die gesellschaftliche Entfremdung, die ein Arbeitsplatz oder eine andere gesellschaftliche Funktion mit sich bringt, ist es dagegen voll und ganz. Genau das ist die Funktion, die dem Kapital zukommt.

Die beiden Probleme, die einerseits den Arbeitswert und seine Rolle im Mehrwert und andererseits die Auswirkung der Erhöhung der Produktivität durch die Maschinerie auf die Profitrate betreffen, sind untrennbar miteinander verbunden. Die menschliche Zeit wird immer mehr durch eine *Maschinenzeit* ersetzt. Wie schon Marx sagt, es ist nicht mehr die menschliche Arbeit, die in die Maschinerie eingeht: »Die Arbeit erscheint nicht mehr so sehr als in den Produktionsprozeß eingeschlossen, als sich der Mensch vielmehr als Wächter und Regulator zum Produktionsprozeß selbst verhält.«[5] Gerade das Überleben der Fließbandarbeit und die verschiedenen Formen des Taylorismus in den modernsten Wirtschaftszweigen weisen viel stärker auf allgemeine Methoden der gesellschaftlichen Unterwerfung hin als auf spezifische Verfahren zur Steuerung der Produktivkräfte.[6] Diese tayloristische Entfremdung der Arbeitszeit, diese neo-archaischen Formen der Unterwerfung unter den Arbeitsplatz bleiben ausgehend von einem allgemeinen Äquivalent prinzipiell messbar. Die Kontrolle der durchschnittlichen gesellschaftlichen Arbeit kann theoretisch immer in Form eines Tauschwerts der Mächte ausgedrückt werden. (So könnte man die formale Zeit der Entfremdung eines senegalesischen Bauers mit der eines Beamten im Finanzministerium oder eines Technikers bei IBM vergleichen.) Doch die reale Kontrolle der maschinischen Zeiten, die Steuerung von menschlichen Organen durch produktive Agencements kann mit Hilfe eines solchen allgemeinen Äquivalents nicht in stichhaltiger Weise gemessen werden. Man kann die Zeit der Anwesenheit, die Zeit der Entfremdung, die Dauer der Inhaftierung in einer Fabrik oder in einem Gefängnis messen, aber ihre Folgen für ein Indi-

---

5 Ebd., S. 592.

6 In einem anderen Bereich sieht man gut, dass der heutige Triumph des Behaviorismus in den USA keineswegs das Resultat eines »Fortschritts der Wissenschaft« ist, sondern einer Systematisierung der rigorosesten Methoden sozialer Kontrolle.

viduum kann man nicht messen. Man kann die sichtbare Arbeit eines Physikers in einem Labor quantifizieren, aber nicht den produktiven Wert der Formeln, die er entwickelt. Der abstrakte Marx'sche Wert hat die Gesamtheit der konkreten menschlichen Arbeit übercodiert, die für die Produktion von Tauschwerten aufgewendet wird. Aber die heutige Bewegung des Kapitalismus tendiert dahin, dass alle Gebrauchswerte zu Tauschwerten werden und dass die gesamte produktive Arbeit von der Maschinerie verrichtet wird. Die Pole des Tausches sind selber auf die Seite der Maschinerie übergegangen, und Computer führen Dialoge von einem Kontinent zum anderen und diktieren den Managern die Klauseln des Tauschverkehrs. Die automatisierte und digitalisierte Produktion erhält ihre Konsistenz nicht mehr durch einen menschlichen Grundfaktor, sondern von einem maschinischen Phylum, das alle menschlichen Funktionen und Aktivitäten durchquert, umgeht, verstreut, zerkleinert und in sich vereint.

Diese Transformationen haben nicht zur Folge, dass der neue Kapitalismus den alten vollständig ersetzt. Es gibt eher eine Koexistenz, eine Stratifizierung und Hierarchisierung von Kapitalismen unterschiedlicher Ebenen, die Folgendes ins Spiel bringen:

1.) *die traditionellen segmentären Kapitalismen*, die auf den Nationalstaaten territorialisiert sind und die ihre Vereinigung ausgehend von einer Weise der monetären und finanziellen Semiotisierung betreiben,[7]

7 Die »merkantilistische Revolution« könnte die Referenz dazu sein. Ich denke insbesondere an das große Buch von Thomas Mun, *A Discours of Trade, from England unto the East Indies* [1609], London 1621, das für Engels »die bewußte *Selbstscheidung* des Merkantilsystems von seinem Muttersystem« darstellt und für weitere hundert Jahre das »merkantilistische Evangelium« blieb. Friedrich Engels, *Herrn Eugen Dührings Umwälzung der Wissenschaft (Anti-Dühring)*, Berlin 1975 [=Marx-Engels-Werke; 20], S. 216.

2.) *einen integrierten weltweiten Kapitalismus*, der sich nicht mehr nur auf die Art und Weise der Semiotisierung des finanziellen und monetären Kapitals stützt, sondern viel grundlegender auf eine Gesamtheit von Steuerungsverfahren, die technisch-wissenschaftlich, makro- und mikrosozial, massenmedial usw. sind.

Die Marx'sche Formel des Mehrwerts ist wesentlich mit segmentären Kapitalismen verbunden. Sie erlaubt es nicht, die Doppelbewegung der Globalisierung und der Miniaturisierung zu erfassen, die die gegenwärtige Entwicklung kennzeichnet. In dem Grenzfall, in dem ein Industriezweig voll und ganz automatisiert ist, sieht man zum Beispiel nicht, was aus dem Mehrwert wird! Wenn man sich streng an die marxistischen Gleichungen hält, müsste er gänzlich verschwinden. Was völlig absurd ist! Muss man ihn also ausschließlich dem Konto der maschinischen Arbeit zuschreiben? Warum nicht?! Man könnte eine Formel bilden, der zufolge ein maschinischer Mehrwert einer Mehrarbeit entspräche, die von der Maschine neben ihren Unterhaltungs- und Erneuerungskosten »verlangt« wird! Aber wir kommen sicherlich nicht sehr weit, wenn wir versuchen, die quantitative Seite des Problems auf diese Weise neu zu ordnen. In Wirklichkeit entzieht sich in einem solchen Fall – aber auch in allen mittleren Fällen mit sehr großem Rückgang des variablen Kapitals im Verhältnis zum konstanten Kapital – die Extraktion des Mehrwerts zu einem großen Teil dem Unternehmen (und der Beziehung von Chef und Lohnarbeiter) und verweist auf die zweite Formel, nämlich den integrierten Kapitalismus.

Die von Marx aufgestellte Doppelgleichung, die den »wirklichen Exploitationsgrad der Arbeit«, die Rate des Mehrwerts und die Zeit der Mehrarbeit im Verhältnis zum variablen Kapital gleichsetzt, kann als solche nicht akzeptiert werden. Die kapitalistische Ausbeutung führt dahin, die Menschen wie Maschinen zu behandeln und sie wie Maschinen zu bezahlen, auf rein quantitative Weise. Doch wie wir gesehen haben, beschränkt sich die Ausbeutung nicht darauf! Die Kapitalisten extrahieren sehr wohl auch andere Mehrwerte, andere Profite, die ebenfalls nach den Maßstäben des Kapitals verbucht werden können. Der Kapitalismus interessiert sich ebenso für das »Soziale« wie die Ausgebeuteten. Doch während für ihn die Maschinerie dem Sozialen vorausgeht und es kontrollieren muss, muss die Maschinerie für letztere durch das Soziale gesteuert werden. Was den Menschen wesentlich von der Maschine unterscheidet, ist die Tatsache, dass er sich nicht wie sie passiv ausbeuten lässt. Man kann sagen, dass die Ausbeutung unter den heutigen Bedingungen in erster Linie die maschinischen Agencements betrifft – wobei der Mensch und seine Fähigkeiten zum integralen Bestandteil dieser Agencements geworden sind. Ausgehend von dieser absoluten Ausbeutung beginnen die sozialen Kräfte in einem zweiten Schritt den Kampf um die Aufteilung des *maschinischen Produkts*. Da das Kriterium für das Überleben des Arbeiters relativ geworden ist (Wie soll man heute eine absolute Schwelle des »Lebensminimums«, also den Teil des Wertes bestimmen, der der Arbeit entspricht, die für die Reproduktion der Arbeit notwendig ist?), sind alle Fragen der Verteilung von ökonomischen und sozialen Gütern zu wesentlich politischen Fragen geworden – vorausgesetzt, man erweitert den Begriff des Politischen und bezieht dabei sämtliche mikropolitischen Dimensionen ein, die die verschiedenen Weisen des Lebens, des Fühlens, des Sprechens, der Zukunftsplanung, der geschichtlichen Erinnerung usw. betreffen.

Nach der Feststellung, dass die Unterwerfung des Arbeiters den quantitativen Faktor der »durchschnittlichen gesellschaftlichen Arbeit« nur beiläufig ins Spiel bringt, sind wir dahin gelangt, die Ausbeutungsrate von der marxistischen Mehrwertrate »zu lösen«. Dabei haben wir sie implizit auch von der Profitrate gelöst, die bei Marx ihr naher Verwandter ist.[8]

Eine Bestätigung dieser Unterscheidung findet sich in der häufig gewordenen Tatsache, dass in staatlich unterstützten Branchen Unternehmen, die »mit Verlust verkaufen« dennoch beträchtliche Profite machen können. (Trotz eines nach der marxistischen Formel negativen Mehrwerts erzeugen sie einen positiven Profit.) Der Profit kann heute von Faktoren abhängig sein, die nicht nur dem Unternehmen, sondern auch der Nation äußerlich sind, zum Beispiel von einer Ausbeutung »auf Distanz« der Dritten Welt mit Hilfe des internationalen Rohstoffmarktes.

Halten wir schließlich fest, dass das angebliche Gesetz vom tendenziellen Fall der Profitrate in einem politisch-ökonomischen Feld keinen Bestand haben kann, in dem die transnationalen Mechanismen eine solche Bedeutung bekommen haben, dass es nicht einmal mehr vorstellbar ist, eine lokale Mehrwertrate zu bestimmen, die mit einer lokalen Wachstumsrate der Maschi-

---

8 Laut Marx erzeugt die fortschreitende relative Abnahme des variablen Kapitals im Verhältnis zum konstanten Kapital (aufgrund der Fortschritte der Maschinen oder: fortschreitenden Maschinisierung und der Konzentration von Unternehmen) ein Ungleichgewicht bei der organischen Zusammensetzung des Gesamtkapitals einer gegebenen Gesellschaft. Die »unmittelbare Folge ist, daß die Rate des Mehrwerts bei gleichbleibendem und selbst bei steigendem Exploitationsgrad der Arbeit sich in einer beständig sinkenden allgemeinen Profitrate ausdrückt.« Karl Marx, *Das Kapital. Kritik der politischen Ökonomie*, Bd. III, Berlin 1964 [=*Marx-Engels-Werke*; 25], S. 223.

nerie, die dem konstanten Kapital entspricht, in Verbindung gebracht werden kann.[9] Die Wiederbelebung von Profitzonen (Beispiel: die Pseudo-Erdölkrise) und die Schaffung von neuen Industriezweigen (Beispiel: die Atomindustrie) beruhen gegenwärtig im Wesentlichen auf globalen Strategien, die Faktoren berücksichtigen, deren Zahl und Komplexität Marx sich nicht vorstellen konnte.

II. Die organische Zusammensetzung des integrierten weltweiten Kapitals

Im Gegensatz zu dem, was Marx dachte, ist das Kapital in der Lage gewesen, sich von einer Formel zu befreien, die es in eine blinde Weise der Quantifizierung von Tauschwerten eingeschlossen hätte (das heißt die Übernahme der Kontrolle über alle Zirkulations- und Produktionsweisen von Gebrauchswerten).[10] Die kapitalistische Wertschöpfung hat sich noch nicht den maschinischen

---

9 Ein multinationales Unternehmen wird zum Beispiel nach Verhandlungen mit einer Staatsmacht eine hochgradig moderne Fabrik in einer unterentwickelten Region bauen. Dann wird es nach einigen Jahren aus politischen Gründen, wegen gesellschaftlicher »Instabilität« oder aufgrund von komplexen Feilschereien entscheiden, sie zu schließen. Unter diesen Umständen ist es unmöglich, ein Wachstum des fixen Kapitals auszumachen!
In einem anderen Bereich, wie etwa dem des Stahls, wird ein ultra-moderner Industriezweig auf Eis gelegt oder lokal abgebaut, weil es Probleme mit dem Markt oder mit angeblich technologischen Entscheidungen gibt, welche nur der Ausdruck von grundlegenden Optionen sind, die die gesamte wirtschaftliche und gesellschaftliche Entwicklung betreffen.

10 Wie viele Anthropologen bei den archaischen Gesellschaften gezeigt haben, hängt der scheinbare Tauschverkehr immer mit realen Kräfteverhältnissen zusammen. Der Tausch wird immer von der Macht beeinflusst und verfälscht. Siehe Edmund R. Leach, *Rethinking Anthropology*, London 1961.

Krebs zugezogen, der sie aufgrund des tendenziellen Falls der Profitrate in Krisen der Überproduktion in die Sackgasse und damit den Kapitalismus in die völlige Isolation hätte führen müssen. Die Semiotisierung des Kapitals hat sich immer mehr Mittel verschafft, um in der Lage zu sein, die konkreten Wertschöpfungen der Macht zu erkennen, zu quantifizieren und zu manipulieren und dadurch nicht nur zu überleben, sondern auch weiter zu wuchern. Welche Fassade sich das Kapital auch immer gibt, es ist nicht rational. Es ist hegemonial. Es bringt die gesellschaftlichen Formationen nicht in Einklang; es adjustiert unter Zwang sozio-ökonomische Disparitäten. Das ist eher eine Machtoperation als eine Profitoperation. Es leitet sich nicht aus einer Grundmechanik des Profits ab. Es drängt sich von oben auf, und zwar gestern von dem aus, was Marx »das gesellschaftliche Kapital eines Landes«[11] nannte, und heute vom weltweit integrierten Kapital. Es hat sich immer ausgehend von Deterritorialisierungsbewegungen in allen Bereichen der Wirtschaft, der Wissenschaften und Techniken, der Sitten und Gebräuche usw. konstituiert. Seine semiotische Existenz pfropft sich systematisch auf die Gesamtheit der technischen und gesellschaftlichen Veränderungen auf, die es auf den vorherrschenden Machtformationen diagrammatisiert und reterritorialisiert. Selbst in der Epoche, in der es ausschließlich auf die Extraktion von monetärem Profit durch Handels-, Bank- und Industrieaktivitäten konzentriert zu sein schien, verfolgte das Kapital – als Ausdruck der dynamischsten kapitalistischen Klassen – im Grunde bereits eine Politik der Destruktion und der Neustrukturierung (Deterritorialisierung der traditionellen Bauernschaften, Schaffung einer städtischen Arbeiterklasse, Enteignung von alten Handelsbourgeoisien

11 Marx, *Das Kapital*, I, S. 641, sowie ders., *Das Kapital*, III, S. 222.

und Handwerkerzünften, Abschaffung von regionalen und nationalen »Rückständigkeiten«, kolonialer Expansionismus usw.).[12]

Es genügt hier also nicht, von der Politik des Kapitals zu sprechen. Das Kapital als solches ist nichts anderes als Politisches, Soziales und Technisch-Wissenschaftliches, die miteinander verbunden sind. Diese allgemeine diagrammatische Dimension tritt mit der zunehmenden Rolle des Staatskapitalismus als Relais der Globalisierung des Kapitals immer mehr zu Tage. Die Nationalstaaten arbeiten mit einem mehrdimensionalen Kapital: Geldmengen, Wirtschaftsindexe, zahlreiche »Gleichschaltungen« dieser oder jener gesellschaftlichen Gruppierung, hemmende Ströme, um die Leute an ihrem Platz zu halten usw. Wir erleben eine Art von Kollektivierung des Kapitalismus – ob sie nun in einem nationalen Rahmen stattfindet oder nicht. Aber das bedeutet keineswegs, dass er im Niedergang begriffen wäre! Durch die kontinuierliche Anreicherung seiner semiotischen Komponen-

---

12 Diese allgemeine Deterritorialisierungsbewegung lässt dennoch mehr oder weniger rückständige territorialisierte Schichten weiterbestehen oder gibt ihnen oftmals neuen Schwung, indem sie ihre Funktion verändert. In diesem Zusammenhang ist der gegenwärtige »Wiederaufschwung« des Goldes ein überraschendes Beispiel. Er scheint gleichzeitig auf zwei entgegengesetzte Weisen zu funktionieren:
– einerseits als semiotisches schwarzes Loch, als Stockung und wirtschaftliches Hemmnis;
– andererseits als richtungsweisender Operator der Macht, der sich 1.) auf die Tatsache bezieht, dass die Aktionäre in der Lage gewesen sind, ihre semiotischen Interventionen an der Börse »am passenden Ort« und »zum richtigen Zeitpunkt« unterzubringen, und 2.) auf die Tatsache, hier und jetzt in der Lage zu sein, im »geeigneten Moment« den wirtschaftlichen Schlüsselsektoren den abstrakten Kredit der Macht zu injizieren.
Zur diagrammatischen Funktion, den semiotischen schwarzen Löchern usw. siehe Félix Guattari, *L'inconscient machinique*, Paris 1979.

ten[13] übernimmt er nicht nur die Kontrolle der Lohnarbeit und der monetären Güter, sondern auch einer Vielfalt von Machtmengen, die andernfalls in der lokalen, häuslichen und libidinösen Ökonomie eingekapselt blieben. Jede einzelne Operation der kapitalistischen Profitentnahme – als Geld und als gesellschaftliche Macht – wirkt sich heute immer stärker auf sämtliche Machtformationen aus. Begriffe wie kapitalistische Unternehmen und Lohnarbeitsplatz sind untrennbar geworden von der Gesamtheit des gesellschaftlichen Gewebes, das selbst direkt unter der Kontrolle des Kapitals produziert und reproduziert wird. Schon der Begriff des kapitalistischen Unternehmens müsste auf die Gemeinschaftseinrichtungen erweitert werden und der Begriff des Arbeitsplatzes auf die meisten nicht entlohnten Tätigkeiten. In gewisser Weise nimmt die Hausfrau in ihrem Heim einen Arbeitsplatz ein; das Kind nimmt einen Arbeitsplatz in der Schule ein, wie der Konsument im Supermarkt und der Fernsehzuschauer vor dem Bildschirm... Obwohl die Maschinen in der Fabrik ganz allein zu arbeiten scheinen, steht ihnen in Wirklichkeit die ganze Gesellschaft zur Seite. Es wäre völlig willkürlich, die Lohnarbeit in Unternehmen heutzutage unabhängig von den vielfältigen Systemen der verschiedenen Löhne, der Unterstützung und der Sozialkosten zu betrachten, die sich direkt oder indirekt auf die Reproduktion der gesellschaftlichen Arbeitskraft auswirken, und die aus dem monetären Kreislauf des Unternehmens herausfallen und von vielen Institutionen und Einrichtungen der Macht übernommen werden. Fügen wir noch einen Punkt hinzu, auf dem ich nicht genug beharren kann. Der Kapitalismus beutet den Lohnar-

---

13 Neben dem Gold, dem Zeichengeld, dem Kreditgeld, den Aktien, den Eigentumstiteln usw. manifestiert sich das Kapital heute durch semiotische Operationen und Machtmanipulationen aller Art, die sich die Informatik und die Medien zu nutze machen.

beiter nicht nur außerhalb der Arbeitszeit, in seiner »Freizeit« aus, sondern er benutzt ihn auch als Relais zur Ausbeutung derer, die er in seinem eigenen Handlungsbereich unterwirft: seine nicht entlohnten Untergebenen und Bekannten, Frauen, Kinder, alte Leute, Sozialhilfeempfänger aller Art...

Wir kehren immer wieder zu dieser zentralen Idee zurück: Durch das System der Lohnarbeit strebt der Kapitalismus vor allem die Kontrolle *der ganzen Gesellschaft* an! Und es wird immer wieder klar, dass das Spiel der Tauschwerte unter allen Umständen von den gesellschaftlichen Verhältnissen abhängig gewesen ist, und nicht umgekehrt. Mechanismen wie der der Inflation zeigen hier sehr gut das fortwährende Eindringen des Sozialen ins Ökonomische. Als »normal« gilt die Inflation und nicht das Gleichgewicht der Preise, da sie ein Mittel zur Adjustierung der sich ständig entwickelnden Machtbeziehungen und Kräfteverhältnisse ist (Kaufkraft, Investitionskraft, internationale Tauschkraft von unterschiedlichen gesellschaftlichen Formationen). Da der ökonomische Mehrwert untrennbar mit den sich auf die Arbeit, die Maschinen und die gesellschaftlichen Räume beziehenden Mehrwerten der Macht verbunden ist, beinhaltet die Neudefinition des Kapitals als allgemeine Weise der Kapitalisierung von Semiotiken der Macht (eher denn als abstrakte, universelle Quantität) also eine neuerliche Untersuchung seiner technischen Zusammensetzung. Diese beruht nicht mehr auf zwei Grundgegebenheiten: lebendige Arbeit und Arbeit, die in den Produktionsmitteln kristallisiert ist, sondern auf mindestens vier Komponenten, vier eigenständigen Agencements:

1.) *die kapitalistischen Machtformationen*, die ein Kapital zur Aufrechterhaltung der Ordnung erwirtschaften und die das Eigentum, die sozialen Stratifikationen, die Verteilung von materiellen und gesellschaftlichen Gütern usw. garantieren (wobei der Wert eines beliebigen Gutes untrennbar von der Glaubwürdigkeit der repressiven Einrichtungen des Rechts oder der Polizei ist... aber auch von der Existenz eines bestimmten Grades von öffentlichem Konsens zugunsten der etablierten Ordnung);

2.) *die maschinischen Agencements*, die mit den Produktivkräften zusammenhängen und konstitutiv für das fixe Kapital sind (Maschine, Fabrik, Transport, Rohstoffreserve, Kapital an technisch-wissenschaftlichen Erkenntnissen, maschinische Steuerungstechniken, Ausbildungsinstrumente, Laboratorien usw.). Man befindet sich hier im klassischen Bereich der Produktivkräfte;

3.) *die Gesamtarbeitskraft und alle von der kapitalistischen Macht unterworfenen gesellschaftlichen Beziehungen*. Die Gesamtarbeitskraft wird hier nicht mehr unter ihrem Aspekt der maschinischen Steuerung, sondern der gesellschaftlichen Entfremdung betrachtet. Sie wird den Bourgeoisien und Bürokratien unterworfen und ist zugleich ein Faktor der Unterwerfung von anderen gesellschaftlichen Gruppierungen (Frauen, Kinder, Einwanderer, sexuelle Minderheiten usw.). Man befindet sich hier im Bereich der Produktionsverhältnisse und der gesellschaftlichen Verhältnisse;

4.) *das Netz von Einrichtungen, von staatlichen und parastaatlichen Apparaten der Macht und der Medien*. Dieses Netz, das sich ebenso im mikrosozialen Maßstab wie im planetarischen Maßstab verzweigt, ist zu einem wesentlichen Teil des Kapitals geworden. Im Verhältnis zu den drei vorangegangenen Komponenten ermöglicht dieses Netz das Extrahieren und Integrieren von Kapitalisierungen der Macht in einem bestimmten Sektor.

Das Kapital als semiotischer Operator sämtlicher Machtformationen entfaltet also eine deterritorialisierte Einschreibefläche, auf der sich diese vier Komponenten entwickeln. Doch beharren wir auf der Tatsache, dass es sich nicht nur um eine Bühne handelt, auf der eine *Vorstellung* [*représentation*], eine Art von parlamentarischem Theater stattfindet, in dem die vorhandenen unterschiedlichen Standpunkte aufeinanderstoßen. Es handelt sich auch um eine direkt *produktive* Aktivität, insofern das Kapital an der Fertigungssteuerung der maschinischen und gesellschaftlichen Agencements und an einer ganzen Reihe von zukunftsorientierten Operationen, die sie betreffen, beteiligt ist. Die für das Kapital spezifischen diagrammatischen Funktionen – das heißt die Funktionen der Einschreibung, die nicht nur repräsentativ, sondern auch operativ sind – »fügen« etwas Wesentliches zu dem »hinzu«, was andernfalls nur eine schlichte Anhäufung der oben genannten unterschiedlichen Komponenten wäre. Die Erhöhung des semiotischen Abstraktionsniveaus, die dieser Diagrammatik entspricht, erinnert daran, was Bertrand Russell in seiner Theorie der logischen Typen beschreibt, nämlich, dass es eine grundlegende Diskontinuität zwischen einer Klasse und ihren Teilen gibt. Doch beim Kapital haben wir es mit einer Diskontinuität zu tun, die nicht nur zu einer logischen, sondern auch zu einer maschinischen Ordnung gehört, und zwar in dem Sinne, dass sie nicht nur ausgehend von Zeichenströmen, sondern auch ausgehend von materiellen und gesellschaftlichen Strömen wirksam ist. Das Verstärkungsvermögen der dem Kapital eigenen Diagrammatik ist in der Tat untrennbar von der deterritorialisierenden »Dynamik« der verschiedenen konkreten Agencements des Kapitalismus. Dadurch verlieren die reformistischen politischen Perspektiven, die auf den inner- oder zwischenkapitalistischen Widersprüchen oder auf seiner Humanisierung unter dem Druck der Massen beruhen, fraglos ihre Bedeutung (zum Beispiel, die multinationalen Konzerne gegen den nationalen Kapitalismus »ausspielen« zu wollen oder das deutsch-amerikanische Europa gegen das Europa der Vaterländer, den »westlichen« Liberalismus gegen den Sozialkapitalismus der UdSSR, oder den Norden gegen den Süden usw.). Das Kapital nährt sich von seinen Widersprüchen; diese bilden ebenso viele Tests, die wie ein Stimulus zur Deterritorialisierung funktionieren. Eine revolutionäre Alternative, wenn es sie denn gibt, kann sich sicherlich nicht auf solche Grundlagen stützen!

III. Das Kapital und die subjektiven Entfremdungsfunktionen

Die Machtausübung mit Hilfe der Semiotiken des Kapitals hat die Besonderheit, dass sie gemeinhin ausgehend von einer Kontrolle der Spitze der gesellschaftlichen Segmente und durch eine Unterwerfung aller Augenblicke des Lebens jedes Individuums betrieben wird. Doch auch wenn ihre Äußerungen individuell sind, ist nichts weniger individuell als die kapitalistische Subjektivität. Die vom Kapital vorgenommene Übercodierung der Tätigkeiten, des Denkens und der Gefühle des Menschen hat zur Folge, dass alle partikularisierten Weisen der Subjektivierung in Äquivalenz und Resonanz versetzt werden. Die Subjektivität wird sozusagen verstaatlicht. Sämtliche Werte des Begehrens werden in einer Ökonomie neu aufgestellt, die auf einer systematischen Abhängigkeit der Gebrauchswerte von den Tauschwerten beruht, was so weit geht, dass dieser begriffliche Gegensatz jeden Sinn verliert. Sich »frei« auf der Straße oder auf dem Land zu bewegen, frische Luft zu atmen oder etwas zu laut zu singen, all das sind nunmehr Tätigkeiten, die aus kapitalistischer Sicht quantifiziert werden können. Grünflächen, Naturschutzgebiete oder Freizügigkeit haben einen gesellschaftlichen und industriellen Preis. Letzten Endes ist die Existenz der Subjekte des Kapitalismus – *sujets* in dem Sinne, in dem man einmal von den Untertanen des Königs sprach – nicht mehr wert als der Teil, der in das allgemeine Äquivalent eingeschrieben werden kann, also in das Kapital nach der erweiterten Definition, die ich hier vorschlage. Die kapitalistische Ordnung will die Individuen dazu bringen, nur für ein Tauschsystem, für eine allgemeine Übersetzbarkeit aller Werte zu leben, und unterhalb dieser Werte wird alles getan, damit der geringste Teil ihres Begehrens als asozial, gefährlich und schuldhaft empfunden wird.

Eine solche Operation der Unterwerfung, die das ganze gesellschaftliche Feld abdecken will, indem sie seine kleinsten Disparitäten »aufs Korn nimmt«, kann sich nicht auf eine äußere soziale Kontrolle beschränken. Der allgemeine Markt der Werte, der vom Kapital entwickelt wurde, erfasst die Dinge daher gleichzeitig von innen und von außen. Er beschäftigt sich nicht nur mit den ökonomisch greifbaren Werten, sondern auch mit den geistigen und affektiven Werten. Mit Hilfe eines multizentrischen Netzes von Gemeinschaftseinrichtungen, staatlichen, parastaatlichen und medialen Apparaten will er die Verbindung zwischen diesem Außen und diesem Innen herstellen. Die allgemeine Übersetzbarkeit der lokalen Weisen der Semiotisierung von Macht beruht daher nicht nur auf zentralen Dispositiven, sondern auch auf »semiotischen Kondensatoren«, die der Staatsmacht nahe stehen oder ihr direkt untergeordnet sind und deren wesentliche Funktion darin besteht, dafür zu sorgen, dass jedes Individuum die Mechanismen der Kontrolle, der Repression und der Modellierung der herrschenden Ordnung akzeptiert.[14]

Im Kontext des integrierten weltweiten Kapitalismus kann man davon ausgehen, dass die zentralen Verwaltungsbehörden der Nationalstaaten zugleich alles und nichts sind: nichts oder nicht viel in Anbetracht einer realen wirtschaftlichen Effizienz; alles oder fast alles in Anbetracht der Globalisierung und der sozialen Kontrolle. Das Paradox besteht darin, dass das Netz der staatlichen Apparate, Einrichtungen und Bürokratien seinerseits in einem gewissen Maße dahin tendiert, sich dem Zugriff der Staatsmacht zu entziehen. Es ist nämlich sehr oft so, dass dieses Netz letztere fernsteuert und manipuliert: Seine eigentlichen Gesprächspartner sind die »Sozialpartner«, *pressure groups* und Lobbys. Die Realität des Staates fällt also tendenziell mit den staatlichen und para-staatlichen Technostrukturen zusammen, die aufgrund dieser Tatsache eine sehr doppeldeutige Stellung in den Produktions- und Klassenverhältnissen einnehmen, da sie einerseits die realen Leitungspositionen kontrollieren und effektiv zur Aufrechterhaltung der herrschenden Ordnung beitragen, und andererseits selber Gegenstand einer kapitalistischen Ausbeutung sind wie die verschiedenen Bestandteile der Arbeiterklasse.

Marx dachte, dass ein Schulmeister ein produktiver Arbeiter sei, weil er seine Schüler darauf vorbereitet, für die Unternehmer zu arbeiten.[15] Aber der Schulmeister hat sich heute in Form dieses kapitalistischen Netzes unendlich vervielfacht, das in dem Maße Ausbildungen und Vergesellschaftung hervorbringt, dass man zu

---

14 Das ist, parallel zu Verwaltung, Polizei, Justiz, Fiskus, Börse, Armee usw., die Rolle der Schule, der Sozialdienste, der Gewerkschaften, des Sports, der Medien usw.

15 Marx, *Das Kapital*, I, S. 532.

einem Konglomerat von kollektiven Agencements gelangt, bei denen es vollkommen willkürlich wäre, sie in autonome Bereiche der materiellen Produktion, des Sozius, der Semiotisierung und der Subjektivierung zu zerlegen.

Die gleiche Doppeldeutigkeit, die gleiche Ambivalenz zwischen Produktion und Repression, die charakteristisch für die Technokratien ist, findet sich in den Arbeitermassen: Die Arbeiter »arbeiten« an sich selbst in derselben Zeit, in der sie für die Produktion von Konsumgütern arbeiten. Auf die eine oder andere Weise haben alle Anteil an der Produktion von Kontrolle und Repression. Wie wir gesehen haben, wechselt ein und dasselbe Individuum an ein und demselben Tag tatsächlich unaufhörlich die Rollen: In der Werkstatt oder im Büro ausgebeutet, wird es seinerseits zum Ausbeuter in der Familie, in der Paarbeziehung usw. Auf allen Ebenen des Sozius findet man ein unentwirrbares Gemisch von Vektoren der Entfremdung. Die Arbeiter und die Gewerkschaften eines Spitzensektors werden zum Beispiel heftig die Stellung ihrer Industrie im gesamten Wirtschaftssystem eines Landes verteidigen, und das trotz seiner »Niederschläge« im Bereich der Umweltverschmutzung oder obwohl er zur Ausrüstung von Jagdflugzeugen beiträgt, die dafür eingesetzt werden, afrikanische Bevölkerungen abzuschlachten... Die Klassenfronten, »die Kampffronten« sind unscharf geworden. Heißt das, dass sie verschwunden sind? Nein. Aber sie haben sich bis ins Unendliche vervielfacht, und selbst wenn es zu direkten Konfrontationen kommt, nehmen diese zumeist einen »exemplarischen Charakter« an, da eines ihrer Hauptziele darin besteht, die Aufmerksamkeit der Medien zu erregen, die sie ihrerseits manipulieren und sie vereinnahmen.

An der Basis der Mechanismen zur Modellierung der Arbeitskraft, auf allen Ebenen der gegenseitigen Durchdringung von Ideologien und Affekten findet man dieses maschinische Tentakelnetz der kapitalistischen Einrichtungen. Ich unterstreiche, dass es sich keineswegs um ein Netz von ideologischen Apparaten handelt, sondern tatsächlich um eine Megamaschine, die aus einer Vielzahl verstreuter Elementen besteht, die nicht nur die Arbeiter sind, sondern auch all jene, die »zur Produktion beitragen«, und zwar ständig und an allen Orten, wie Frauen, Kinder, alte Leute, Randgruppen usw. Heute wird zum Beispiel ein Kind von Geburt an durch die Familie, das Fernsehen, die Kinderkrippe und Sozialdienste »für die Arbeit getrimmt« und einem komplexen Bildungsprozess ausgesetzt, an dessen Ende seine verschiedenen Weisen der Semiotisierung an die produktiven und gesellschaftlichen Funktionen, die es erwarten, angepasst sein müssen.

Es ist bekannt, wie wichtig heute bei der Leitung von Unternehmen die Bewertung der industriellen Instandhaltung geworden ist. Kann man sich darauf beschränken zu sagen, dass der Staat eine Art von allgemeiner »gesellschaftlicher Instandhaltung« übernommen hat? Das wäre meiner Meinung nach völlig unzureichend! In den Regimen des Ostens wie in denen des Westens hat der Staat einen direkten Einfluss auf die wesentlichen Komponenten des Kapitals – außerdem darf man in beiden Fällen zu Recht von Staatskapitalismus sprechen, vorausgesetzt man ändert gleichzeitig die Definition der organischen Zusammensetzung des Kapitals und des Staates. Was ich das Netz der Einrichtungen des Kapitals nenne (zu denen man bis zu einem bestimmten Grad die Medien, die Gewerkschaften, die Verbände usw. zählen muss), hat die Funktion, das Kapital, das stricto sensu auf der Grundlage von Tauschwerten funktioniert, und das gesellschaftliche Kapital von Machtwerten *homogen zu machen*. Es verwaltet sowohl kollektive Haltungen, Verhaltensmuster, Bezugnahmen aller Art, die mit der Leistungsfähigkeit des Systems kompatibel sind, als auch die Mittel zur reglementierenden und finanziellen Intervention, um die Massen der Kaufkraft und der Investitionen zwischen den verschiedenen gesellschaftlichen und industriellen Sektoren neu aufzuteilen oder auch um große militärisch-industrielle Komplexe zu finanzieren, die ihm gewissermaßen im internationalen Maßstab als Rückgrat dienen.

Es ist entscheidend, jeden einzelnen dieser Bereiche nicht auf in sich abgeschlossene Kategorien zurückzuführen. Letzten Endes geht es immer um dasselbe Kapital, das von den herrschenden Gesellschaftsformationen gehandhabt wird: das Wissenskapital, das Kapital der Anpassung und Unterwerfung der Arbeitskraft unter die produktive Umgebung sowie, allgemeiner, aller Bevölkerungsgruppen unter die städtische und urbanisierte ländliche Umgebung, das Kapital der unbewussten Verinnerlichung der Modelle des Systems, das Kapital der repressiven und militärischen Kräfte... Alle diese Weisen der Semiotisierung der Macht haben mit vollem Recht Anteil an der organischen Zusammensetzung des heutigen Kapitals.

So ist die Entwicklung eines allgemeinen Marktes kapitalistischer Werte, die Ausbreitung des multizentrischen Netzes von staatlichen Einrichtungen und den auf ihnen beruhenden kapitalistischen Einrichtungen weit davon entfernt, im Widerspruch zur Existenz von Mächten zu stehen, die auf die Nationalstaaten ausgerichtet sind (und die allgemein dahin tendieren, stärker zu werden). Es ergänzt sie vielmehr. Was nunmehr kapitalisiert wird, ist sehr viel mehr eine Macht durch das *Bild der Macht* als ein wirkliches Vermögen in den Bereichen der Produktion und der Ökonomie. Der Staat und seine zahllosen Verzweigungen tendieren auf den unterschiedlichsten Wegen dahin, ein Minimum von Ersatzorientierungen und -territorialitäten neu zu schaffen, um es den Massen zu ermöglichen, ihrem täglichen Leben und ihren sozialen Beziehungen auf mehr oder weniger künstliche Weise einen neuen Rahmen zu geben. Die wahren Schaltstellen der Entscheidung liegen indessen woanders: Sie durchqueren oder umschiffen die alten und neuen Weisen der Territorialisierung und beruhen immer stärker auf dem System kapitalistischer Netze globalen Ausmaßes.[16]

Die Räume des heutigen Kapitalismus sind nicht mehr verbunden mit Regionen, Kasten, ethnischen oder religiösen Traditionen, »vorkapitalistischen« Korporationen, und immer weniger mit Metropolen, Industriestädten, Klassenbeziehungen und Bürokratien des segmentären Kapitalismus aus der Ära der Nationalstaaten. Sie sind sowohl auf den planetarischen Maßstab zugeschnitten als auch auf den mikrosozialen und mikrophysischen Maßstab. Das Gefühl »zu etwas zu gehören« scheint selbst – wie das »Lebensumfeld« – aus einer Art von Fließbandproduktion hervorzugehen. Unter diesen Bedingungen versteht man besser, dass die Macht des Staates sich nicht mehr damit zufrieden geben kann, an der Spitze der Gesellschaftspyramide zu thronen, fern vom Volk Gesetze zu erlassen, um stattdessen permanent bei der Gestaltung und Neuzusammensetzung des gesellschaftlichen Gewebes zu intervenieren und ständig ihre

16 Selbst auf dieser Ebene findet man eine relative Reterritorialisierung: Die multinationalen Konzerne, die keinesfalls auf ökonomische Unterabteilungen der USA reduziert werden können, das heißt die objektiv kosmopolitisch sind, haben an ihrer Spitze dennoch eine Mehrheit von amerikanischen Bürgern!

»Formeln« der Hierarchisierung, der Segregation, der funktionalen Präskription und der spezifischen Qualifikation überarbeiten und überprüfen zu müssen. Der weltweite Kapitalismus ist auf einer schwindelerregenden Flucht nach vorn. Er muss Vollgas geben und kann sich kaum noch den Luxus erlauben, die nationalen Traditionen, die Gesetzestexte oder selbst die nur formale Unabhängigkeit von Verfassungsorganen wie jene des Richteramtes zu respektieren, da sie seine Handlungsfreiheit einschränken würden.

IV. Das Kapital und die maschinischen Steuerungsfunktionen

Zu den traditionellen direkten Zwangssystemen fügt die kapitalistische Macht unaufhörlich Kontrolldispositive hinzu, die jedem Individuum, wenn auch nicht Komplizenschaft, so doch zumindest passive Zustimmung abverlangen. Eine solche Erweiterung ihrer Handlungsmittel ist nur möglich, wenn diese Mittel in der Lage sind, sich auf die Triebfedern des Lebens und der menschlichen Tätigkeit zu erstrecken. Die Miniaturisierung der Mittel findet weit diesseits der technischen Maschinerien statt. Es sind die Grundfunktionen des perzeptiven, sensitiven, affektiven, kognitiven, linguistischen usw. Verhaltens, auf die sich die kapitalistische Maschinerie aufpfropft, deren »unsichtbarer« deterritorialisierter Teil nicht zu Unrecht dafür berüchtigt ist, der effektivste zu sein.

Wir können die theoretischen Erklärungen der Unterwerfung der Massen, die von irgendeiner ideologischen Täuschung oder masochistischen, kollektiven Leidenschaft ausgehen, nicht akzeptieren. Der Kapitalismus bemächtigt sich der menschlichen Wesen von innen. Ihre Entfremdung mit Hilfe von Bildern und

Ideen ist nur ein Aspekt eines allgemeinen Systems der Steuerung ihrer fundamentalen individuellen wie auch kollektiven Semiotisierungsweisen. Die Individuen werden genauso mit Wahrnehmungsweisen oder Normalisierungen des Begehrens »ausgestattet« wie die Fabriken, Schulen und Territorien. Die Ausweitung der Arbeitsteilung im planetarischen Maßstab beinhaltet auf der Seite des weltweiten Kapitalismus nicht nur den Versuch, alle gesellschaftlichen Gruppierungen in die Produktivkräfte zu integrieren, sondern vor allem eine permanente Neuzusammensetzung, eine Neuerfindung dieser Gesamtarbeitskraft. Das Ideal des Kapitals ist es, nichts mehr mit Individuen zu tun zu haben, die voller Leidenschaften sind und die zur Unentschiedenheit, zum Zögern, zur Ablehnung ebenso wie zur Begeisterung neigen, sondern nur noch mit menschlichen Robotern. Es will nur noch zwei Typen oder Kategorien von Ausgebeuteten kennen: jene, die von der Lohnarbeit leben, und jene, die von der Sozialhilfe leben. Sein Ziel ist es, alle Kategorisierungen, die auf etwas anderem gründen als auf seiner Axiomatik der Macht und auf seinen technologischen Imperativen, zu beseitigen, zu neutralisieren, wenn nicht gar aus der Welt zu schaffen. Wenn es am Ende der Kette Männer, Frauen, Kinder, alte Leute, Reiche, Arme, Handarbeiter, Intellektuelle usw. »vorfindet«, versucht es sie von sich aus neu zu erschaffen, sie in Abhängigkeit von seinen eigenen Kriterien neu zu definieren.

Doch eben weil die kapitalistische maschinische Steuerung auf der funktionalsten – sensitiven, affektiven, praktischen – Ebene interveniert, ist sie imstande, ihre Wirkungen umzukehren und einen neuen Typ von maschinischem Mehrwert ins Spiel zu bringen, der von Marx voll und ganz erkannt wurde (Vervielfachung von Alternativen für die menschliche Gattung, ständige

Erneuerung des Horizonts ihrer Wünsche und ihrer Kreativität).[17] Der Kapitalismus zielt darauf ab, sich der Veränderung der Wünsche, die die menschliche Gattung hegt, zu bemächtigen. Durch die maschinische Steuerung setzt er sich im Herzen der Individuen fest. Es ist zum Beispiel unbestreitbar, dass die gesellschaftliche und politische Integration der Arbeitereliten und der unteren Führungskräfte nicht nur auf einer materiellen Gewinnbeteiligung beruht, sondern auch auf ihrer manchmal sehr tiefen Bindung an ihren Beruf, an ihre Technologie, ihre Maschinen... In noch allgemeinerer Weise ist klar, dass die maschinische Umgebung, die der Kapitalismus mit sich bringt, weit davon entfernt ist, die großen Bevölkerungsmassen gleichgültig zu lassen, und das liegt nicht nur an der Verführung durch die Werbung, an der Verinnerlichung der Zielsetzungen und Ideale der Konsumgesellschaft durch die Individuen. Irgendetwas von der Maschine scheint tatsächlich Anteil am Wesen des menschlichen Begehrens zu haben. Doch die Hauptfrage lautet, um welche Maschine handelt es sich, und was soll mit ihr getan werden?

Die maschinische Steuerung ist nicht mit gesellschaftlicher Unterdrückung gleichzusetzen. Während die Unterwerfung sich auf ganze Personen und leicht manipulierbare subjektive Repräsentationen bezieht, bezieht sich die maschinische Steuerung

---

17 Der dialektische Mechanismus von Marx führt diesen Autor manchmal dahin, eine Art von quasi spontaner Zeugung und unwillkürlicher Entstehung dieses Typs von Transformation ins Auge zu fassen: »Wie uns erst nach und nach das System der bürgerlichen Ökonomie entwickelt, so auch die Negation seiner selbst, die ihr letztes Resultat ist. Wir haben es jetzt noch zu tun mit dem unmittelbaren Produktionsprozeß. Betrachten wir die bürgerliche Gesellschaft im großen und ganzen, so erscheint immer als letztes Resultat des gesellschaftlichen Produktionsprozesses die Gesellschaft selbst, d. h. der Mensch selbst in seinen gesellschaftlichen Beziehungen.« Marx, *Grundrisse*, S. 600.

auf infrapersonale, infrasoziale Elemente usw., und zwar aufgrund einer molekularen Ökonomie des Begehrens, die sehr viel schwieriger innerhalb von stratifizierten gesellschaftlichen Beziehungen »zu unterhalten« ist.[18] Da es dem Kapitalismus auf diese Weise gelingt, perzeptive Funktionen, Affekte und unbewusste Verhaltensweisen direkt für sich arbeiten zu lassen, nimmt er eine Kraft der Arbeit und des Begehrens in Besitz, welche beträchtlich über die der Arbeiterklassen im soziologischen Sinne hinausgeht. Unter diesen Bedingungen tendieren die Klassenbeziehungen dahin, sich anders zu entwickeln. Sie sind weniger zweipolig, sie verlangen immer komplexere Strategien. Das Schicksal der französischen Arbeiterklasse hängt zum Beispiel nicht mehr nur von ihren direkten Chefs ab, sondern einerseits von denen des Staates, Europas, der Dritten Welt und der multinationalen Konzerne, und andererseits von den eingewanderten Arbeitern, von der Frauenarbeit, von der prekären Arbeit, der Zeitarbeit, den regionalistischen Kämpfen usw.

Selbst die Bourgeoisie hat sich wesentlich verändert. Sie ist – zumindest in ihrem modernsten Teil – nicht mehr so sehr damit beschäftigt, einen (ob nun individuellen oder kollektiven) persönlichen Besitz der Produktionsmittel zu verteidigen. Sie steht heute vor dem Problem, kollektiv und global das grundlegende Netz der sozialen Maschinen und Einrichtungen zu kontrollieren. Genau daraus bezieht sie all ihre Macht, und zwar nicht nur die monetäre, sondern auch die gesellschaftliche, libidinöse, kulturelle usw. Auf diesem Gebiet will sie sich nicht enteignen lassen. Und so gesehen muss man anerkennen, dass sie ein überraschendes

18 Eine solche Aussage hat nur dann die Chance verstanden zu werden, wenn das Begehren nicht als undifferenzierte Triebenergie gefasst wird, sondern als Resultat einer hoch entwickelten Montage von deterritorialisierten Maschinerien.

Vermögen zur Anpassung, Erneuerung und Regeneration gezeigt hat, und zwar insbesondere in den sozialistisch-kapitalistischen Regimen des Ostens. Auf der Seite des privaten Kapitalismus verliert sie an Boden; doch auf der Seite des Staatskapitalismus, der Gemeinschaftseinrichtungen, der Medien usw. gewinnt sie unaufhörlich dazu. Sie verleibt sich nicht nur neue Schichten von staatlichen Bürokraten, Apparatschiks, Technokraten, Fachleuten und Lehrern ein, sondern es gelingt ihr bis zu einem bestimmten Grad auch, den Rest der Bevölkerung zu kontaminieren.

Auf welche Grenzen werden die kapitalistischen Klassen bei ihrem Bemühen um eine allgemeine Umwandlung sämtlicher menschlichen Aktivitäten in ein Äquivalent stoßen, das allein auf der Grundlage ihrer semiotischen Netze gehandelt werden kann? Bis zu welchem Punkt ist ein revolutionärer Klassenkampf in einem solchen System der verallgemeinerten Kontamination noch vorstellbar? Diese Grenzen sind zweifellos nicht dort zu suchen, wo die traditionellen revolutionären Bewegungen ihnen schon so lange nachjagen! Die Revolution findet nicht nur auf der Ebene des manifesten politischen Diskurses statt, sondern auch auf einer viel molekulareren Ebene, auf der Seite der Mutationen des Begehrens und der technisch-wissenschaftlichen, künstlerischen Mutationen. Auf seiner schwindelerregenden Flucht nach vorn hat der Kapitalismus den Weg einer systematischen Kontrolle aller Individuen des Planeten eingeschlagen. Er ist heute – mit der Integration von China – zweifellos auf dem Höhepunkt seiner Macht angekommen, aber vielleicht ist er auch im Begriff, einen extremen Punkt der Brüchigkeit zu erreichen! Er hat ein derartiges System der allgemeinen Abhängigkeit geschaffen, dass die kleinste Erschütterung seines Funktionierens am Ende – vielleicht – Folgen hat, die er nicht beherrschen kann.

Plan für den Planeten[1]

Den thermodynamischen Metaphern misstrauen... Keine prinzipielle Notwendigkeit für eine Zirkularität von Aktion und Reaktion, für eine Rückkehr zum ursprünglichen Zustand... Die Gesetze der sogenannten Geschichtswissenschaft und die geschichtslosen moralischen Imperative gehen an den mikropolitischen Agencements vorbei, die ihr wahres Grundgewebe bilden. Beide Seiten der Alternative »*freie Entscheidung/Schicksal*« [*choix-destin*] ablehnen (wie auch immer die dialektische Darstellung aussehen mag, die man für letzteres vorschlägt)! Sich von Werten und Normen a priori befreien: Evaluation, Transvaluation der evolutiven und involutiven Linien des Sozius. Kein Königsweg der Veränderung. Viele Zugangswege, die ausgehen von:

- dem kollektiven Umbiegen der »*Entscheidungspräferenzen*«, die von den verschiedenen Komponenten eines ökonomisch-ökologisch-technisch-wissenschaftlichen Rhizoms getragen werden;
- vielfältigen möglichen »*Bestimmungsorten*« [*destinations*], die von den gesellschaftlichen Agencements aller Art und jeglicher Größe – einschließlich der Randbereiche – semiotisiert werden.

---

1 Plan für ein Referat, das auf einem Kolloquium in Namur gehalten wurde. Dieses Kolloquium wurde von Jean-Pierre Faye zum Thema »Minderheiten im Denken« organisiert. Der Text wurde zunächst in der *Libération* vom 26. und 27. September 1978 veröffentlicht und dann in die Dokumentation des Kolloquiums (*Minorités dans la pensée*, Paris 1979) aufgenommen.

Soll das heißen, dass eine wirkliche Revolution heute unmöglich ist? Nein, sondern nur, dass eine molare, sichtbare Revolution in großem Maßstab, wenn sie nicht faschistisch-stalinistisch sein soll, untrennbar geworden ist von der Ausdehnung, der Ausweitung molekularer Revolutionen, die die Ökonomie des Begehrens beinhalten.

Anders gesagt: Ablehnung von Einbahnstraßenkausalitäten, Ablehnung einer Einbahnstraße der Geschichte. Die Überprüfung des Realen und der Wahrheit beruht in diesem Bereich auf einer Art gegen den Strich gebürsteter Dialektik, die die Widersprüche ausschöpft, ohne sie jemals zu lösen, die aus alten falschen Problemen und in die Sackgasse geratenen Situationen asignifikante Residuen zieht, die deterritorialisierte Maschinerien verbreitet, von denen aus alles neu beginnt, obwohl man glaubte, dass alles verloren sei.

Tendenz: Die alten stratifizierten, totalitär-totalisierten Systeme, die von einem transzendenten Bezugspunkt blockiert werden, verlieren ihre Konsistenz. Sie können die großen gesellschaftlichen Einheiten nur dann weiterhin beherrschen, wenn sie:
- ihre Macht konzentrieren,
- ihre Zwangsinstrumente miniaturisieren.

Unter den möglichen Szenarios gibt es zwei Extremfälle:
1.) *die Konsolidierung und Stabilisierung des integrierten weltweiten Kapitalismus* (IWK). Dieser neue Typ von Kapitalismus ist das Ergebnis von Veränderungen und wechselseitigen Anpassungen zwischen dem monopolistischen Kapitalismus und den verschiedenen Formen des Staatskapitalismus. Im Inneren des globalen Systems integriert er die verschiedenen Komponenten von Klassen- und Kastengesellschaften, die

auf der Ausbeutung und der gesellschaftlichen Segregation beruhen. Über den ganzen Planeten verzweigt, tendieren seine Entscheidungszentren dahin, eine gewisse Autonomie gegenüber den nationalen Interessen der Großmächte zu gewinnen und ein komplexes Netz zu bilden, das in einem begrenzten politischen Raum nicht mehr vollständig lokalisiert werden kann (ein Netz von Energiekomplexen, von militärisch-industriellen Komplexen usw.). Er entwickelt eine systematische Politik der sozialen Kontrolle, der massenmedialen Zurichtung (starke Repression à la BRD, verbunden mit sanfter Repression in allen Bereichen);

2.) *ein zunehmender Verlust der Kontrolle über die Situation bei den örtlichen Machtinstanzen.* Eine Ausbreitung von Randbereichen, Minderheiten und (alten und neuen) autonomen Bewegungen, die zum Aufblühen von (individuellen und/oder kollektiven) Singularitäten des Begehrens und zum Auftauchen eines neuen Typs von gesellschaftlicher Segmentierung führen und die von den Nationalstaaten kommenden Machtformationen enteignen.

Die beiden Tendenzen können übrigens koexistieren. Alles wird daher abhängen vom Gleichgewicht oder Ungleichgewicht der Kräfteverhältnisse zwischen:

- dem Einfluss des mehrheitlichen Konsenses;
- den gesellschaftlichen Kämpfen klassischer Art;
- den molekularen Revolutionen.

A) Die erste Hypothese (Konsolidierung des IWK)

Man gehe davon aus, dass die folgenden drei Dinge zusammenkommen:

- eine Inflation der demographischen Ströme,
- eine zunehmende Verringerung der Energieströme und der Rohstoffe,
- eine Beschleunigung der maschinischen und digitalen Konzentration.

Daraus kann sich ergeben:

I. Eine Umbildung der Klassengegensätze in den entwickelten Ländern

Ein relativer Engpass bei der Zahl der Arbeitsplätze in den Industriesektoren, auf denen die Profitökonomie und der Staatskapitalismus beruhen. Unabhängig von den Unwägbarkeiten der Nachfrage wird die Zunahme von Arbeitsplätzen im produzierenden Sektor tendenziell durch die weltweite »Fördermenge« an Energie und Rohstoffen begrenzt.

Die immer stärkere Integration von »privilegierten« Teilen der Arbeiterklasse in die Ideologie, den Lebensstil und die Interessen des Kleinbürgertums und die Entstehung von neuen gesellschaftlichen Schichten, die in »ungesicherten Verhältnissen« leben: Einwanderer, überausgebeutete Frauen, Arbeiter im Prekariat, Arbeitslose, Studenten ohne Berufsaussichten, Fürsorgeempfänger aller Art...

Das Auftauchen von Zonen der Unterentwicklung im Inneren der Großmächte. Der Zusammenbruch traditioneller Wirtschaftssysteme und das Scheitern der industriellen Dezentralisierung führen zu regionalistischen Forderungen und zu immer radikaleren »nationalistischen« Bewegungen.

Was bei der Neustrukturierung von Industriestandorten und bei der Entwicklung eines »Kapitalismus an der Peripherie« von entscheidender Bedeutung sein wird, sind nicht so sehr die technischen Optionen, sondern eher die gesellschaftspolitischen Probleme (die Berechnung von »sozialen Risiken«).

Jahrzehntelang haben die Arbeiter- und Kleinbürgerklassen in den imperialistischen Metropolen »profitiert« von:

a) der Existenz von Produktionsmitteln, die weniger integriert und weniger maschinisch als die von heute waren,
b) der Überausbeutung der Kolonien.

Abgesehen von hoch qualifizierten Arbeiterschichten müssen diese Klassen wieder »auf Linie gebracht werden« und auf eine bestimmte Vorstellung vom Lebensstandard, auf eine ganze Reihe von »erworbenen Vorteilen« verzichten. Worum es hier geht, ist weniger ein Wettlauf der Großmächte um die »ersten Plätze« als die Schaffung einer neuen gesellschaftlichen Segregation, die im planetarischen Maßstab homogenisiert wird. Während in den ärmsten Ländern der Welt Arbeitereliten und technisch-wissenschaftliche Eliten von höchstem Niveau angesiedelt werden, werden parallel dazu in den reichsten Ländern riesige Elendszonen fortbestehen.

Die Umstrukturierung des Kapitalismus in den alten Industriemächten geschieht also durch eine Infragestellung der alten sozialen »Errungenschaften«, an denen die Arbeiterklassen besonders hängen: Lohnzusatzleistungen, Sozialversicherung, Rente, Krankengeld usw.; Tarifverträge, die vom Staat überwacht werden; Förderung der großen Wirtschaftszweige durch die Staatsmacht; staatliche Unternehmen, verstaatlichte Unternehmen, Mischgesellschaften, subventionierte Unternehmen usw. Aus der Sicht des integrierten Kapitalismus lässt sich eine solche Protektion nur rechtfertigen, wenn sie sich auf Sektoren mit sehr geringen oder gar keinen Profitraten – Aufbau von Infrastrukturen, öffentliche Dienste usw. – bezieht. Aber in den führenden Sektoren wollen die Manager der Multis sich die größtmögliche Handlungsfreiheit bewahren, um zum Beispiel über die Ansiedlung von Industrieanlagen (auf regionaler, nationaler oder kontinentaler Ebene) oder über Maßnahmen im Bereich der Technologie und der Energie zu entscheiden.

Für die Bürokratien der Länder im Osten stellt sich das Problem auf andere Weise, aber auch hinter den Debatten über die Gewinnbeteiligung oder die Reform der Planwirtschaft findet sich das Ziel einer maximalen Ausbeutung wieder.

II. Eine Umbildung der internationalen Arbeitsteilung

Der Kapitalismus des 19. Jahrhunderts hat sein volles Handlungsfeld nur in dem Maße erobert, in dem die geographischen und gesellschaftlichen Barrieren des *Ancien Régime* (das noch vom Feudalismus geprägt war) niedergerissen wurden.

Heute hat es den Anschein, dass die nationalen Barrieren, die nationalen »Stimmrechte« und das Gleichgewicht der Klassen, wie es sich im alten Europa und insbesondere im Europa des Mittelmeerbeckens stabilisiert und stratifiziert hat, ein echtes Hindernis bildet für den Aufschwung des Kapitalismus im 21. Jahrhundert und die Entstehung einer neuen, weltweit herrschenden Klasse (die aus den bürgerlichen und bürokratischen Aristokratien des Westens und des Osten hervorgeht).

Die gegenwärtige globale Krise hat letzten Endes das Ziel, *ein neues allgemeines Verfahren zur wirtschaftlichen und politischen Unterwerfung der gesellschaftlichen Arbeitskraft in planetarischem Maßstab* zu schaffen. Der zunehmende Verfall der alten Formen des Staatskapitalismus zugunsten von Technostrukturen und multinationalen Mächten (die Deterritorialisierung der Entscheidungszentren im Verhältnis zu den nationalen Entitäten) wird begleitet von:

– einer relativen Förderung einer bestimmten Zahl von Ländern der Dritten Welt, die mit einer dauerhaften Spannung des gesamten Rohstoffmarktes verbunden ist; einer absoluten Verarmung von Hunderten Millionen Individuen, die in Ländern wohnen, die keinen Anteil an diesem wirtschaftlichen Aufschwung haben; einer Überausbeutung von Regionen und Ländern, die zwischen den superreichen und den superarmen Ländern liegen;

– immer verwickelteren Beziehungen zwischen dem Osten und dem Westen, nicht nur im Bereich der Wirtschaft, sondern auch, was die Überwachung des Planeten betrifft: enge Zusammenarbeit zwischen den Technokraten, Bürokraten, Sicherheitskräften usw. der östlichen und westlichen Länder (auch wenn es zwischenzeitliche Spannungen gibt);

– einer Richtungsänderung beim Rüstungswettlauf. Es geht heute weniger darum, einen Dritten Weltkrieg vorzubereiten, sondern darum:

1.) ein militärisches und somit politisch-ökonomisches Gleichgewicht zwischen den Supermächten aufrechtzuerhalten;
2.) einen ausreichenden Abstand zwischen letzteren und den zweitrangigen Mächten einzuhalten; und

3.) auf der inneren Ebene einen bestimmten Typ von zentralistischem Modell in den militärischen, polizeilichen, energetischen, technologischen usw. Bereichen durchzusetzen.

Anmerkung: Es ist vielleicht diese letztere Bemühung, die die beiden anderen bedingt. Da die früheren Modelle des politischen Zentralismus in der Tat fehlerhaft waren, muss der integrierte weltweite Kapitalismus einen offensichtlichen Widerspruch überwinden, und zwar den zwischen:

- dem relativen Verschwinden nationaler Mächte in Sektoren wie denen der Energie, der Rohstoffe, der Industrieanlagen, der technologischen Entscheidungen, der Währungen usw.,
- der Notwendigkeit, die gesellschaftliche Arbeitskraft neu zu gliedern, sie auf einem neuen Typ von Machtformation zu reterritorialisieren.

Die neue globale (bürgerlich-bürokratische) Aristokratie wird sich weiterhin auf die Hierarchie der internationalen Mächte stützen. Aber sie wird versuchen, sich mit keiner von ihnen im Besonderen zu identifizieren. (So wie man früher mit dem Mythos der »200 Familien« Schluss machen musste, ist es heute notwendig, sich von dem des absoluten Primats des deutsch-amerikanischen Kapitalismus zu verabschieden. Das wirkliche Angriffsziel ist keineswegs so konzentriert. Die virulentesten Brennpunkte des Kapitalismus sind ebenso im Westen wie im Osten oder in den Ländern der Dritten Welt zu suchen.)

III. Eine neue Aufteilung der grossen internationalen Untereinheiten

Das Modell, das gerade erprobt wird und das das »deutsche Modell« bildet (parallel zum Versuch der Schaffung eines »europäischen Rechtsraumes«), bemüht sich, Folgendes in Einklang zu bringen:

- die verstärkte Integration einer Arbeiter-Aristokratie, die sich immer mehr vom Proletariat der zweitrangigen Mächte löst;
- eine Verstärkung des repressiven Potentials der Staatsmacht, insbesondere in allen Bereichen, die zur Zivilgesellschaft gehören;
- eine vollständige Verfügbarkeit für die Entscheidungszentren des integrierten weltweiten Kapitalismus (multizentrisches, transnationales, deterritorialisiertes Netz).

Insgesamt gesehen geht es darum, Folgendes zusammenzuhalten:

- auf lokaler Ebene: eine idiosynkratische Reterritorialisierung der Arbeitskraft (die massenmediale Zurichtung spielt eine entscheidende Rolle bei der Formung der Individuen und der Herstellung eines mehrheitlichen Konsenses zugunsten der etablierten Ordnung);
- auf europäischer Ebene: eine »gemeinschaftliche« Handhabung der sozialen Kontrolle und der Repression;
- auf globaler Ebene: eine hieb- und stichfeste Anpassung an die neue Funktionsweise des Kapitalismus.

Man könnte auch verschiedene andere Versuche der Neustrukturierung der wirtschaftlichen und gesellschaftlichen Räume durch den integrierten weltweiten Kapitalismus anführen, wie etwa:

- das Projekt einer von Frankreich und den USA unterstützten innerafrikanischen Streitmacht, die den kubanisch-sowjetischen Interventionen Einhalt gebieten soll. Das einzige greifbare Resultat all dieser Einmischungen bestand darin, den Zugriff des weltweiten Kapitalismus auf Afrika zu verstärken;
- die immer stärkere Rolle, die Brasilien in Lateinamerika zu spielen scheint.

Verschiedene Beispiele zeigen, dass die Rolle der »Weltpolizisten«, die den USA und der UdSSR bis heute zugewiesen wurde (man erinnere sich an den Suez-Konflikt), in die Hände von internationalen Instanzen übergegangen ist, die zwar schwer zu umreißen, aber nicht weniger unerbittlich sind. (Man denke auch an die deutsche Sozialdemokratie und ihre Übernahme der Vormundschaft – die die der USA ergänzt – für die lateinamerikanischen Länder und an Giscard d'Estaing, der eine Art Oberkönigtum im frankophonen Afrika bekleiden wollte.)

IV. Die Entstehung eines neuen Typs von Faschismus in planetarischem Massstab

In mancher Hinsicht hätte der integrierte weltweite Kapitalismus ein Interesse daran, so wenig wie möglich auf die klassischen autoritären Lösungen zurückzugreifen, die die Unterstützung und Erhaltung von politischen Bürokratien, militärischen Kasten und Kompromissregelungen mit traditionellen nationalen Strukturen beinhalten, die seiner eigenen transnationalen und deterritorialisierenden Logik zuwiderlaufen. Er sollte sich eher auf weiche Kontrollsysteme stützen, zu denen miniaturisierte Mittel gehören: eher eine gegenseitige Überwachung, Gemeinschaftseinrichtungen, Sozialarbeiter, Psychiater und ein »fesselndes« Fernsehen statt eine Repression mit Hilfe der Bereitschaftspolizei! Eher eine freiwillige Partizipation der Individuen an den Institutionen als eine schwerfällige Bürokratie, die jede Initiative erstickt...

Doch die lang anhaltende allgemeine Krise, die seit einigen Jahren alle wirtschaftlichen Mechanismen lähmt, führt zu einem Zusammenbruch der Ideologie des modernen Kapitalismus, die das dritte Viertel des 20. Jahrhunderts gekennzeichnet hat.

Die früheren Klassengleichgewichte, die traditionellen Schlichtungsverfahren des Staates zwischen den verschiedenen Untereinheiten der Bourgeoisie, die politischen und rechtlichen Garantien, die zur bürgerlichen Demokratie gehören – all dies muss in Frage gestellt werden, wie es die Supermanager der Trilateralen Kommission deutlich zum Ausdruck gebracht haben.

Der integrierte weltweite Kapitalismus kann nur darauf hoffen zu überleben, wenn es ihm gelingt, Folgendes zu kontrollieren:

- die internationalen Beziehungen und die großen sozialen Bewegungen (Beispiel: die Manipulation der »Nelkenrevolution« in Portugal oder die Interventionen der Supermächte in Italien),
- die Räderwerke des Staates (einschließlich der juristischen Räderwerke; daher die Bedeutung des gegenwärtigen Widerstands von Anwälten und Richtern),
- die Räderwerke der Gewerkschaften, der Betriebsräte usw. Die Vertragsverhandlungen mit den Arbeitnehmern sollen fortan als integraler Bestandteil des normalen Funktionierens der Unternehmen betrachtet werden, und die Gewerkschaften sollen genauso funktionieren wie ein Personalbüro, das sich um die Beziehungen zu den Arbeitern und Angestellten kümmern soll,

- die Gemeinschaftseinrichtungen, die Schulen, die Universitäten und alles, was dazu beiträgt, die gesellschaftliche Arbeitskraft zu herauszubilden,
- die Maschinerien der Presse, des Kinos, des Fernsehens usw. und alles, was dazu beiträgt, die familiäre und individuelle Subjektivität zu modellieren. Ein Protestgedanke im Kopf eines einzigen Individuums ist von dem Moment an ein Risiko, in dem er eine ansteckende Wirkung haben könnte. Es wird daher notwendig, Abweichler und Randfiguren aller Art ganz genau zu beobachten, und zwar auch auf der Ebene ihrer unbewussten Reaktionen.

B) Die zweite Hypothese (zunehmender Verlust der Kontrolle der Situation durch den IWK)

Der weltweite Kapitalismus hat sich bis heute als völlig unfähig erwiesen, irgendeine Antwort auf die grundlegenden Probleme des Planeten (Bevölkerungswachstum, ökologische Verwüstung, Definition von neuen Zielsetzungen der Produktion usw.) zu geben. Die Lösungen, die er den Energie- und Rohstoffproblemen geben will, erbringen nichts Brauchbares für die riesige Bevölkerungsmasse.

Die gegenwärtigen internationalen Organismen erweisen sich als unfähig, die Konflikte zwischen den Mächten zu schlichten; sie scheinen es sich sogar zum Prinzip gemacht zu haben, mit Hilfe von endemischen militärischen Konflikten so etwas wie »Überdruckventile« bereitzustellen (die Kriege im Nahen Osten, die Kriege in Afrika usw.).

– Es ist kein Zeichen von übertriebener Demagogie, wenn man darauf hinweist, dass die Enttäuschung und die Wut angesichts dieser »Bewältigung« der Interessen der Menschheit unaufhörlich zunehmen werden; der Kapitalismus weiß das und bemüht sich, alle möglichen Vorkehrungen zu treffen, um Proteste und Revolten in den Griff zu kriegen.

– Die neue totalitäre Ordnung, an der die »Experten« der Trilateralen Kommission und die Manager des integrierten weltweiten Kapitalismus arbeiten, kann indessen nicht schlicht und einfach mit den nationalen Formen des Faschismus im Sinne von Hitler oder Mussolini gleichgesetzt werden. Sie wird überall und nirgends sein. Sie wird ganze Landstriche des Planeten verseuchen, aber neben den Zonen der Hyper-Repression wird es Zonen der relativen Freiheit geben. Und die Grenze zwischen diesen Zonen wird fließend sein. Als Handlungsmittel dieser Ordnung werden nicht nur die Instrumente der Staatsmacht gelten, sondern alle Vektoren, die zur Formierung der Arbeitskraft, zur Modellierung jedes Individuums und zur Durchsetzung eines bestimmten Lebensstils beitragen, das heißt eine Vielfalt von semiotischen Steuerungssystemen, die die Schule, den kommerziellen Sport, die Medien, die Werbung oder »Unterstützungs«-Techniken aller Art (Sozialhilfe, Psychoanalyse in großem Maßstab, Kulturprogramme...) ins Spiel bringen.

– Der integrierte weltweite Kapitalismus will keine systematische und allgemeine Beseitigung der Arbeitermassen, der kämpfenden Frauen, der Protestbewegung der jungen Leute oder der unterdrückten Minderheiten. Die Produktionsmittel, auf denen er beruht, brauchen sogar eine gewisse Formbarkeit der Produktionsverhältnisse und der gesellschaftlichen Beziehungen und ein Mindestvermögen zur Anpassung an die neuen Formen der

Sensibilität und die neuen Arten von menschlichen Beziehungen, die hier und da entstehen (»Entdeckungen« von Randgruppen, die durch die Werbung vereinnahmt werden; relative Toleranz gegenüber den Zonen des »laissez faire«...). Unter diesen Bedingungen kann ein halb-geduldeter, halb-ermutigter und vereinnahmter Protest zu einem inneren Bestandteil des Systems werden.

– Andere Protestformen erweisen sich dagegen in dem Maße als viel gefährlicher, in dem sie den wesentlichen Beziehungen Abbruch tun, auf denen dieses System gründet (die Respektierung der Arbeit, der Hierarchie, der Staatsmacht, der Konsumreligion...). Es ist unmöglich, eine klare und definitive Trennlinie zwischen der vereinnahmbaren Marginalität und den anderen Typen der Marginalität, die den Weg der wirklich »molekularen Revolutionen« einschlagen, zu ziehen. Die Grenzen bleiben hier in Raum und Zeit tatsächlich unscharf und fließend. Es geht letzten Endes darum, ob es sich um ein Phänomen handelt, das »am Rande« des Sozius (ganz gleich in welchem Umfang) bleibt, oder aber um eines, das ihn grundsätzlich in Frage stellt. Was hier das »Molekulare« kennzeichnet, ist die Tatsache, dass *die Fluchtlinien sich mit den objektiven Linien der Deterritorialisierung des Systems verbinden* und ein unumkehrbares Streben nach neuen Räumen der Freiheit auslösen. (Beispiel für eine solche Fluchtlinie: die freien Radios. Die technologische Entwicklung, insbesondere die Verkleinerung der Sender und die Tatsache, dass sie von Amateuren »gebastelt« werden können, trifft hier auf ein kollektives Streben nach einem neuen Ausdrucksmittel.)

– Um die Möglichkeiten von revolutionären Transformationen in der nächsten Zeit einzuschätzen, müssen zahlreiche Faktoren in Erwägung gezogen werden, und zwar ebenso auf einer »objektiven« Ebene wie auf der Ebene neuer gesellschaftlicher Praktiken:

• Wird es dem integrierten weltweiten Kapitalismus gelingen, eine Gesellschaftsordnung zu begründen, die von der überwiegenden Mehrheit akzeptiert wird und die eine Verstärkung der gesellschaftlichen Segregation beinhaltet? Das Kapital ist im Westen wie im Osten nichts anderes als ein *Machtkapital*, das heißt eine Weise der Semiotisierung, der Homogenisierung und der Transmission von verschiedenen Machtformen (Macht über die Güter, über die Territorien, Macht über die Arbeit, über die Untergebenen, die »Unterlegenen«, Macht über die Verwandten, über die Familie usw.). Nur das Auftauchen von neuen Beziehungen zum Kosmos und zum Sozius wird es möglich machen, die »libidinöse Bindung« der Individuen an dieses System des Kapitals und an seine verschiedenen Formen der Kristallisierung von Macht zu verändern. Das System des Kapitals kann sich in der Tat nur in dem Maße erhalten, in dem die große Mehrheit der Individuen nicht nur daran teilnimmt, sondern ihm auch unbewusst zustimmt. Die Umkehrung des modernen Kapitalismus ist also nicht nur eine Frage des Kampfes gegen die materielle Steuerung und gegen die sichtbaren Formen der Repression, sondern auch und vor allem der Schaffung einer Vielfalt von alternativen Funktionsweisen.

• Seit etwa zehn Jahren vervielfachen sich unaufhörlich die »Fronten des Kampfes«, die sich von denen unterscheiden, die bis heute die traditionellen Arbeiterbewegungen charakterisiert haben (bei den eingewanderten Arbeitern, den Facharbeitern, die gegen die Art von Arbeit protestieren, die man ihnen aufzwingt, den Arbeitslosen, den überausgebeuteten Frauen, den Ökologen, den »Nationalitären«, den Psychiatrisierten, den Homosexuellen, den Alten, den Jungen usw.). Doch werden ihre Ziele schließlich in den Rahmen von »Forderungen« eingehen, die vom System akzeptiert werden können? Oder werden sich hinter ihnen Vektoren der molekularen Revolution abzeichnen (nicht lokalisierbar auf den herrschenden Koordinaten; ihre eigenen Referenzachsen hervorbringend; untereinander unterirdische, transversale Korrespondenzen unterhaltend und eben deshalb die alten Produktionsverhältnisse, die alten sozialen, familiären Beziehungen, die Beziehungen zum Körper, zum Geschlecht, zum Kosmos... unterminierend)?

• Werden all diese Mikrorevolutionen, diese Infragestellungen der sozialen Beziehungen auf begrenzte Bereiche des gesellschaftlichen Feldes beschränkt bleiben? Oder wird es einer neuen »gesellschaftlichen Segmentarität« gelingen, sie miteinander zu verbinden, ohne die Systeme der Hierarchie und der Segregation wiederherzustellen? Kurz, *werden all diese Mikrorevolutionen letztlich zu einer wahren Revolution führen*? Werden sie in der Lage sein, nicht nur lokale Probleme, sondern auch die Verwaltung von großen Wirtschaftseinheiten zu »übernehmen«?

• Das läuft darauf hinaus zu fragen: Werden wir es schaffen, uns von den verschiedenen Utopien der »Rückkehr« zu den Ursprüngen, zur Natur, zur Transzendenz... zu lösen? Die »objektiven« Linien der Deterritorialisierung sind unumkehrbar. Wir müssen »mit« dem Fortschritt der Wissenschaften und Techniken arbeiten oder wir werden nichts erreichen und die kapitalistische Weltmacht wird die Oberhand gewinnen.

Beispiel: die Kämpfe um die Selbstbestimmung in Korsika, in der Bretagne... Es ist klar, dass diese Art von Bewegung in den nächsten Jahren immer stärker werden wird. Handelt es sich dabei nicht nur um eine »Rückkehr zu«? Worum es hier tatsächlich geht, ist die Förderung eines neuen Korsika, einer neuen Bretagne, und auch eines neuen Sarcelles und eines neuen

Yvelines.[2] Die Vergangenheit auf dem Gewebe einer offenen Zukunft neu schreiben. Auch die Forderungen von Minderheiten, wie zum Beispiel die nationalitären Forderungen, können eine bestimmte Art von Staatsmacht mit sich bringen, also eine Macht der Unterwerfung, das heißt, sie können Träger von kapitalistischen Viren sein.

• Wie werden die Widerstandsformen der traditionelleren Milieus aussehen, die von der Entwicklung des integrierten weltweiten Kapitalismus ins Wanken gebracht werden? Werden die Gewerkschaften, die klassischen linken Parteien sich vom modernen Kapitalismus unendlich manipulieren und vereinnahmen lassen oder werden sie sich von Grund auf ändern?

– Es ist unmöglich vorauszusagen, wie *die Formen des Kampfes und der Organisation* aussehen werden, die die gerade beginnende Revolution in der Zukunft annehmen wird. Auch hier bleiben alle Fragen offen... Doch einige Punkte scheinen geklärt zu sein. Zwar nicht, was diese Formen des Kampfes sein werden, aber immerhin, was sie mit Sicherheit nicht sein werden.

• Sie werden nicht nur auf quantitative Ziele ausgerichtet sein, sie werden den Zweck der Arbeit und somit der Freizeit und der Kultur in Frage stellen. Sie werden die Umwelt, das Alltagsleben, das häusliche Leben, die Beziehungen von Männern und Frauen, von Erwachsenen und Kindern, die Zeitwahrnehmung, den Sinn des Lebens usw. in Frage stellen.

• Sie werden nicht nur auf die Arbeiterklassen in der Industrie, Facharbeiter, Männer, Weiße und Erwachsene ausgerichtet sein (Ende des Mythos vom revolutionären Arbeiter, der Putilow-

---

2 Sarcelles und Yvelines sind Vorstädte von Paris, die als »soziale Brennpunkte« gelten. (A.d.Ü.)

Werke von 1917). Die Produktion von heute kann in keiner Weise mit der Schwerindustrie gleichgesetzt werden. In ihrem Wesen setzt sie Werkzeugmaschinen ebenso ein wie Computer, gesellschaftliche Agencements und technisch-wissenschaftliche Interventionen. Sie ist untrennbar von der Ausbildung der Arbeitskraft, angefangen mit der »Arbeit« von Kindern in frühestem Alter. Sie beinhaltet auch jene »Keimzelle« der Instandhaltung, der Reproduktion und der Ausbildung, die die Familie darstellt und deren Handhabung unter den heutigen Unterdrückungsbedingungen besonders schwer auf den Frauen lastet...

• Sie werden nicht nur auf eine Avantgarde-Partei ausgerichtet, die als denkendes Subjekt der Kämpfe konzipiert ist und von der aus alle »Massenbewegungen« ihre Richtung bestimmen sollen. Sie werden polyzentrisch sein. Ihre verschiedenen Bestandteile werden keineswegs gezwungen, in allem übereinzustimmen, die gleiche stereotype Sprache zu sprechen. Es kann Widersprüche und sogar unüberwindliche Antagonismen zwischen ihnen geben (Beispiel: die besondere Sichtweise der Frauen, was Bewegungen betrifft, die von Männern beherrscht werden). Der Widerspruch lähmt die Aktion hier nicht; er ist der Beweis dafür, dass eine einzigartige Position, *ein besonderes Begehren* in Betracht gezogen wird.

• Sie werden nicht in nationale Rahmen gefasst. Der alltäglichsten Realität nahestehend, beziehen sie sich gleichzeitig auf gesellschaftliche Gefüge, die überall über die nationalen Einheiten hinausgehen. Jede Kampfperspektive, die heute allein in einem nationalen Rahmen formuliert wird, zerstört im Voraus ihre Wirksamkeit. Sowohl die reformistischen wie auch die revolutionären Parteien oder Grüppchen, die sich allein das Ziel der »politischen Machtergreifung des Staates« setzen, verdammen sich selbst zur Ohnmacht (Beispiel: die Lösung des italienischen Problems kommt weder den Sozialisten noch den Kommunisten oder den Autonomen zu! Sie erfordert zumindest eine Kampfbewegung, die sich in vier oder fünf europäischen Ländern entwickelt).

• Sie werden nicht mit einem einzigen Theoriekorpus verbunden. Ihre verschiedenen Komponenten werden – jede auf ihrer Ebene, jede in ihrem eigenen Rhythmus – ihre Semiotisierungsweisen entwickeln, um sich zu definieren und ihr Handeln zu orientieren. (Man stößt hier erneut auf die Frage des Verschwindens der Gegensätze von produktiver Arbeit und wissenschaftlicher und kultureller Arbeit, von Handarbeit und Kopfarbeit.)

• Sie werden die Abschottung von Tauschwerten, Gebrauchswerten und Begehrenswerten ablehnen. Diese Abschottungen bilden einen der wesentlichen Träger der in sich selbst geschlossenen und hierarchisierten Machtformationen, auf denen der Kapitalismus und die gesellschaftliche Segregation beruhen.

Schlussfolgerung: Es ist noch nichts entschieden.

– Die gesellschaftliche Produktion, die unter der Kontrolle von kapitalistischen und technokratischen »Eliten« steht, ist immer stärker von den Interessen und Wünschen der Individuen abgeschnitten. Sie führt:

• zu einer systematischen Überbewertung von Industrien, die sogar die Zukunft der menschlichen Gattung gefährden (Rüstungswettlauf, Atomkraftwerke...),
• zu einer Unterschätzung der wesentlichen Gebrauchswerte (der Hunger auf der Welt, der Umweltschutz...),
• zur Plattwalzung und Unterdrückung der Begierden in ihrer Singularität, das heißt zum Verlust des Sinns des Lebens.

– Unter diesen Bedingungen bleiben Perspektiven für revolutionäre Veränderungen voll und ganz möglich (Themen, die sich auf das Ende des Politischen, die Implosion des Sozialen usw. beziehen, sind absurd). Die grundlegende Frage ist die der Entwicklung, der Erneuerung und der Verbindung:

- der alltäglichen Lebenskämpfe, der Kämpfe um das Begehren;
- der traditionellen Klassen- und Arbeiterkämpfe;
- der nationalen und nationalitären Emanzipationskämpfe.

Der integrierte weltweite Kapitalismus und die molekulare Revolution

Der heutige Kapitalismus kann als integrierter weltweiter Kapitalismus definiert werden, weil ihm tendenziell auf dem gesamten Planten keine menschliche Tätigkeit entgeht. Man kann davon ausgehen, dass er bereits alle Oberflächen des Planeten kolonisiert hat und dass das Wesentliche seines Ausdrucks gegenwärtig die neuen Aktivitäten betrifft, die er übercodieren und kontrollieren will.

Diese doppelte Bewegung der geographischen Ausweitung, die sich in sich selbst einschließt, und der wuchernden molekularen Expansion steht in Verbindung mit einem allgemeinen Prozess der Deterritorialisierung. Der integrierte weltweite Kapitalismus (IWK) respektiert weder existierende Territorialitäten, noch traditionelle Lebensweisen, noch die gesellschaftlichen Organisationsweisen nationaler Gebilde, die heute als die am besten etablierten erscheinen. Er setzt Produktions- und Gesellschaftssysteme auf den ihm eigenen Grundlagen neu zusammen, also auf dem, was ich seine eigene Axiomatik nenne (wobei Axiomatik hier im Gegensatz zur Programmatik steht).

Mit anderen Worten, es gibt kein ein für alle Mal definiertes Programm: Er ist immer imstande, bei einer Krise oder einer unvorhergesehenen Schwierigkeit zusätzliche funktionale Axiome hinzuzufügen oder zurückzuziehen. Bestimmte kapitalistische Formen scheinen bei einem Weltkrieg oder einer Krise wie der von 1929 zusammenzubrechen, werden dann aber in anderen Formen wiedergeboren und finden andere Grundlagen. Diese permanente Deterritorialisierung und Neuzusammensetzung betrifft sowohl die Machtformationen als auch die Produktionsweisen. (Ich spreche lieber von Machtformationen als von Produktionsverhältnissen, da dieser Begriff im Verhältnis zum hier betrachteten Thema zu eng ist.)

Ich nähere mich der Frage des integrierten weltweiten Kapitalismus aus drei Blickwinkeln:

1.) aus dem seiner Produktionssysteme, des ökonomischen Ausdrucks und der Axiomatisierung des Sozius;
2.) aus dem der neuen Segmentaritäten, die er auf der transnationalen Ebene oder im europäischen Rahmen oder auch auf molekularer Ebene entwickelt; und
3.) schließlich aus dem Blickwinkel dessen, was ich revolutionäre Kriegsmaschinen, Agencements des Begehrens und Klassenkämpfe nenne.

I. Der IWK und seine Produktionssysteme

a) Ich erinnere daran, dass es nicht mehr nur eine internationale Arbeitsteilung gibt, sondern auch eine Globalisierung der Arbeitsteilung, eine allgemeine Vereinnahmung sämtlicher Arten von Aktivität, einschließlich jener, die der ökonomischen Definition der Arbeit formal entgehen. Die »rückständigsten« Aktivitätsbereiche und die marginalen Produktionsweisen, die häuslichen Aktivitäten, der Sport, die Kultur, die bis heute für den Weltmarkt nicht von Interesse waren, geraten eine nach der anderen unter seine Vorherrschaft.

Der IWK integriert also alle diese maschinischen Systeme in die menschliche Arbeit und in alle anderen Typen von gesellschaftlichen und institutionellen Räumen – wie etwa technisch-wissenschaftliche Agencements, Gemeinschaftseinrichtungen oder die Medien. Diesen Integrationsprozess, der auch die unbewusste individuelle und kollektive Subjektivität kontaminiert, wird durch die digitale Revolution beträchtlich beschleunigt. Diese maschinisch-semiotische Integration der menschlichen Arbeit beinhaltet also, dass im produktiven Prozess die Modellierung jedes Arbeiters betrieben wird, und zwar nicht nur seines Wissens (also dessen, was bestimmte Wirtschaftstheoretiker als »Wissenskapital« bezeichnen), sondern auch sämtlicher Systeme seiner Interaktion mit der Gesellschaft und mit der Maschinenumwelt.

b) Der ökonomische Ausdruck des IWK – seine Art der semiotischen Unterwerfung von Personen und Gemeinschaften – verweist nicht nur auf monetäre, börsenmäßige Zeichensysteme oder juristische Apparate, die mit der Lohnarbeit, dem Eigentum und der öffentlichen Ordnung zu tun haben. Er beruht auch auf Steuerungssystemen im kybernetischen Sinne des Wortes. Die semiotischen Komponenten des Kapitals funktionieren immer in einem doppelten Register, in dem der Repräsentation (wo die Zeichensysteme unabhängig und getrennt von ökonomischen Bezügen sind) und dem der Diagrammatik (wo die Zeichensysteme in einer direkten Verkettung [*concaténation*] mit den Referenten als Instrument der Modellierung, der Programmierung und der Planung von gesellschaftlichen Segmenten und produktiven Agencements stehen).

Das Kapital ist also viel mehr als eine einfache ökonomische Kategorie, die sich auf die Zirkulation von Gütern und die Akkumulation bezieht. Es ist eine semiotische Kategorie, die alle Ebenen der Produktion und alle Ebenen der Stratifizierung von Mächten betrifft. Der IWK schreibt sich nicht nur in den Rahmen von Gesellschaften ein, die in soziale, rassifizierte, bürokratische, geschlechtliche und altersmäßige Klassen geteilt sind, sondern auch in ein wucherndes maschinisches Gewebe. Seine Zwiespältigkeit in Hinsicht auf die materiellen und semiotischen Maschinenmutationen, die für die aktuelle Situation charakteristisch sind, ist so groß, dass er das ganze maschinische Potential, die semiotische Wucherung der entwickelten Industriegesellschaften nutzt, während er sie gleichzeitig durch seinen spezifischen ökonomischen Ausdruck neutralisiert. Er fördert die Innovationen und die maschinische Expansion nur so weit, wie er sie wieder einfangen und die grundlegenden gesellschaftlichen Axiome, auf die er keinen Einfluss hat, konsolidieren kann: eine bestimmte Art der Auffassung des Sozius, des Begehrens, der Arbeit, der Freizeit und der Kultur.

c) Die Axiomatisierung des Sozius wird im aktuellen Kontext durch drei Typen der Transformation charakterisiert: Einschließung, Deterritorialisierung und Segmentarität.

– *die Einschließung*:

Von dem Moment an, in dem der Kapitalismus über alle wirtschaftlich ausbeutbaren Flächen hergefallen ist, kann er den expansionistischen Elan, den er in seinen kolonialistischen und imperialistischen Phasen hatte, nicht mehr aufrechterhalten. Sein Handlungsfeld ist in sich geschlossen, und das zwingt ihn, sich immer wieder und in denselben Räumen aus sich selbst heraus neu zusammenzusetzen, indem er seine Arten und Weisen der Kontrolle und Unterwerfung von menschlichen Gesellschaften vertieft. Seine Globalisierung entspricht daher – weit davon entfernt, ein Wachstumsfaktor zu sein – tatsächlich einer radikalen Infragestellung seiner früheren Grundlagen. Sie kann entweder zu einer vollständigen Involution des Systems oder zu einem Wechsel des Registers führen. Der IWK muss seine Expansion und seine

Mittel zum Wachstum finden, indem er die selben Machtformationen bearbeitet, die sozialen Beziehungen umgestaltet und immer künstlichere Märkte entwickelt, und zwar nicht nur im Bereich der Güter, sondern auch in dem der Affekte. Ich stelle die Hypothese auf, dass die aktuelle Krise – die im Grunde keine ist, sondern eher eine gigantische Umorientierung – genau dieses Oszillieren zwischen der Involution eines bestimmten Typs von Kapitalismus, der sich an seiner eigenen Schließung stößt, und einem Versuch der Neustrukturierung auf anderen Grundlagen ist.

Anders gesagt, er muss eine entscheidende Umorientierung bewirken, auf die Gefahr hin, frühere Systeme vollständig zu beseitigen, sei es auf der Ebene der Produktion oder der Ebene nationaler Kompromisse (mit der bürgerlichen Demokratie oder der Sozialdemokratie).

Das ist das Ende der territorialisierten Formen des Kapitalismus, der Formen des expansiven Imperialismus, und der Übergang zu deterritorialisierten und intensiven Formen des Imperialismus; die Aufgabe einer ganzen Reihe von gesellschaftlichen Kategorien, von Handlungsbereichen, von Regionen, auf denen der IWK beruhte; die Neugestaltung und die Zurichtung von Produktivkräften, damit sie sich an die neue Produktionsweise anpassen.

– die Deterritorialisierung:

Die Deterritorialisierung des Kapitalismus in sich selbst ist das, was schon Marx »die Expropriation der Bourgeoisie durch die Bourgeoisie« genannt hat, aber dieses Mal in einem ganz anderen Maßstab. Der IWK ist nicht universalistisch. Ihm kommt es nicht darauf an, die bürgerliche Demokratie auf dem gesamten Planeten zu verbreiten, und zwar ebenso wenig wie ein System der Diktatur. Doch er braucht eine Homogenisierung der Produktionsweisen, der Zirkulationsweisen und der Modi der sozialen Kontrolle. Allein diese Sorge bringt ihn dazu, sich hier auf relativ demokratische Regime zu stützen und anderswo Diktaturen zu erzwingen. Diese Orientierung hat in ganz allgemeiner Weise zur Folge, die alten sozialen und politischen Territorialitäten zurückzuweisen oder ihnen zumindest ihre alte ökonomische Kraft zu nehmen. Doch das ist nur möglich, wenn er selbst auf der Grundlage einer Multiplizierung seiner eigenen Entscheidungszentren funktioniert.

Der IWK hat kein vereinzeltes Machtzentrum. Selbst sein nordamerikanischer Zweig ist polyzentrisch. Die realen Entscheidungszentren sind über den ganzen Planeten verteilt. Es handelt sich nicht nur um ökonomische Generalstäbe an der Spitze, sondern um Räderwerke der Macht, die sich auf allen Stufen der gesellschaftlichen Pyramide befinden, vom Manager bis zum Familienvater. Der IWK installiert gewissermaßen seine eigene innere Demokratie. Er erzwingt nicht unbedingt eine Entscheidung, die in die Richtung seiner unmittelbaren Interessen geht. Durch komplexe Mechanismen »konsultiert« er die anderen Interessenzentren, die anderen Segmente, mit denen er zusammenarbeiten muss. Diese »Verhandlung« ist nicht mehr politisch wie früher. Sie bringt Informationssysteme und, über die Massenmedien, psychologische Manipulationssysteme in großem Maßstab ins Spiel.

Der Niedergang der konzentrischen Verortung unterschiedlicher Machtformen und Hierarchien, die von der Aristokratie über das Kleinbürgertum bis hin zum Proletariat reichen, ist nicht inkompatibel mit ihrer teilweisen Aufrechterhaltung. Aber sie entsprechen nicht mehr den realen Feldern der Entscheidungsfindung. Die Macht des IWK ist immer woanders, im Inneren der deterritorialisierten Mechanismen. Das bewirkt, dass es heute unmöglich erscheint, ihn festzunageln, ihn fassen zu können und anzugreifen. Diese Deterritorialisierung führt auch zu paradoxen Phänomenen, wie etwa zur Entwicklung von Dritte-Welt-Zonen in den am weitesten entwickelten Ländern, und umgekehrt zum Auftauchen von hyperkapitalisierten Zentren in unterentwickelten Zonen.

– *das allgemeine System der Segmentarität:*

Da der Kapitalismus sich auf geopolitischer Ebene nicht mehr in einer Expansionsphase befindet, muss er sich in denselben Räumen nach einer Art Palimpsest-Technik neu erfinden. Er kann sich nicht mehr nach einem System von Zentrum und Peripherie entwickeln, das er zugleich umwandelt. Er hat das Problem, neue Methoden der Konsolidierung seiner gesellschaftlichen Hierarchiesysteme zu finden. Es handelt sich hier um ein grundlegendes Axiom: Um die Konsistenz der kollektiven Arbeitskraft auf planetarischer Ebene aufrechtzuerhalten, muss der IWK Zonen der Superentwicklung, der Superbereicherung zugunsten von kapitalistischen Aristokratien (die nicht nur in den traditionellen kapitalistischen Hochburgen angesiedelt sind) und Zonen der relativen Unterentwicklung und sogar Zonen der absoluten Verarmung koexistieren lassen.

Zwischen diesen Extremen kann es zu einer allgemeinen Disziplinierung der kollektiven Arbeitskraft und zu einer Einschließung, zu einer Segmentarisierung von globalen Räumen kommen. Die freie Zirkulation von Gütern und Personen wird neuen Aristokratien des Kapitalismus vorbehalten. Allen anderen Gruppen der Bevölkerung wird eine Ecke auf dem Planeten zugewiesen, der zu einer wirklich globalen Fabrik geworden ist, zu der ständig Zwangsarbeits- oder Vernichtungslager in der Größe von ganzen

Ländern hinzugefügt werden (Kambodscha). Diese permanente Neudefinition von gesellschaftlichen Segmenten hat nicht nur ökonomische Folgen; das gesamte gesellschaftliche Leben wird neu gestaltet. Dort, wo man im Osten Frankreichs seit Generationen vom Stahl gelebt hat, beschließt der IWK, die Industrielandschaft aufzulösen. Ein anderer Raum wird in eine Tourismuszone oder in Wohngebiete für Eliten umgewandelt. Lebensstandards von ganzen Regionen werden umgewälzt. Zwischen den Segmenten des IWK und den menschlichen Agencements, die versuchen, sich gegen seine Axiomatisierung zu wehren und sich auf anderen Grundlagen neu zu konstituieren, entstehen neue Interaktionen und neue Antagonismen.

Unter welchen Bedingungen lohnt es sich, weiterhin in einem solchen System zu leben? Welche unbewussten Fesseln bewirken, dass man wider besseres Wissen weiter mitmacht?

All diese Axiome der Segmentarität sind miteinander verbunden. Der IWK interveniert nicht nur in globalem Maßstab, sondern auch auf ganz persönlichen Ebenen. Umgekehrt hören unbewusste molekulare Determinationen nicht auf, auf die grundlegenden Komponenten des IWK einzuwirken.

II. Die neue Segmentarität des IWK

a) Die transnationale Segmentarität

Der Gegensatz von Ost und West tendiert dahin, seine Konsistenz zu verlieren. Selbst in Spannungsphasen wie der, die seit einiger Zeit andauert, nimmt er eine künstliche, theatralische Gestalt an. Denn der wichtigste Widerspruch liegt nicht auf der Ost-West-Achse, sondern auf der Nord-Süd-Achse, wobei klar ist, dass es für den IWK letzten Endes immer nur darum geht, die Kontrolle aller Zonen zu übernehmen, die versuchen, ihm zu entgehen, und dass es im Inneren aller Länder Norden und Süden gibt. Würde es von daher genügen zu sagen, dass die neue Segmentarität auf der »Überschneidung« eines wesentlichen Phänomens (des verschleierten Nord-Süd-Krieges) und eines sekundären Phänomens (der Ost-West-Rivalitäten) beruht? Ich glaube, dass dies völlig unzureichend wäre.

Die Spaltung Dritte Welt auf-dem-Weg-zur-Entwicklung (und sogar dem der Hyper-Entwicklung: die Erdölländer) und Dritte Welt auf-dem-Weg-zur-absoluten-Verarmung oder gar Vernichtung ist auch zu einer permanenten Gegebenheit der aktuellen Situation geworden. Aber es sind noch weitere Faktoren zu berücksichtigen.

Der Gegensatz von transnationalem, multinationalem Kapitalismus, internationalen Lobbys und nationalem Kapitalismus, der lokal weiterbesteht, ist aus einer globalen Sicht nicht mehr wirklich treffend. Denn all diese internationalen Widersprüche organisieren sich untereinander, überschneiden sich, entwickeln komplexe Kombinationen, die sich nicht in Systemen von Ost-West-, Nord-Süd- oder national-multinationalen Achsen erschöpfen. Sie wuchern wie ein multidimensionales Rhizom, das zahllose geopolitische, geschichtliche und religiöse Singularitäten umfasst. Man kann nicht genug auf der Tatsache beharren, dass die Axiomatisierung, die Produktion von neuen Axiomen als Antwort auf diese spezifischen Situationen weder von einem allgemeinen Programm ausgeht, noch von einem leitenden Zentrum abhängig ist, das diese Axiome vorgibt. Die Axiomatik des IWK gründet nicht auf ideologischen Analysen, sie gehört zu seinem Produktionsprozess.

In einem solchen Kontext erscheint jede Perspektive eines revolutionären Kampfes, die sich auf nationale Räume bezieht, jede Perspektive einer politischen Machtergreifung durch die Diktatur des Proletariats als illusorisch. Die Projekte zur gesellschaftlichen Umgestaltung sind zur Ohnmacht verurteilt, wenn sie sich nicht in eine subversive Strategie weltweiten Ausmaßes einschreiben.

b) Die europäische Segmentarität

Auch der Gegensatz von Ost und West im Inneren Europas wird sich in den nächsten Jahren stark verändern. Was uns als ein grundlegender Antagonismus erschien, wird sich vielleicht immer mehr als »phagozytabel«, als auf allen Ebenen verhandelbar, erweisen. Also kein deutsch-amerikanisches Modell, keine Rückkehr zum Vorkriegsfaschismus, sondern über schrittweise Annäherungen eher eine Entwicklung in Richtung eines Systems autoritärer Demokratie neuer Art.

Die Methoden zur Unterdrückung und sozialen Kontrolle der Regime in Ost und West tendieren dahin, sich anzunähern; ein europäischer Raum der Unterdrückung vom Ural bis zum Atlantik droht den gegenwärtigen juristischen Raum Europas abzulösen.

c) Die molekulare Segmentarität

In den kapitalistischen Räumen wird man stets zwei Typen von grundlegenden Problemen finden:

- die wirtschaftlichen, gesellschaftlichen und gewerkschaftlichen Interessenkämpfe im klassischen Sinne;
- die Kämpfe um Freiheiten, die ich unter dem Gesichtspunkt der molekularen Revolution gemeinsam mit den Kämpfen des

Begehrens, der Infragestellung des Alltagslebens und der Umwelt verorten würde.

Innerhalb der Interessenkämpfe und der Fragen des Lebensstandards gibt es nach wie vor wesentliche Widersprüche. Es geht hier nicht darum, sie zu unterschätzen. Dennoch kann man die Hypothese aufstellen, dass sie, solange es keine globale Strategie gibt, immer mehr die Flanke für eine Vereinnahmung, für ihre Integration durch die Axiomatik des IWK ungedeckt lassen. Sie werden von sich aus niemals zu einer wirklichen gesellschaftlichen Umgestaltung führen. Es wird nie wieder Konfrontationen vom Typ 1848, Pariser Commune oder Russland 1917 geben; nie wieder klare Brüche Klasse gegen Klasse, die die Neudefinition eines neuen Typs von Gesellschaft skizzieren. Im Fall einer größeren Kraftprobe ist der IWK in der Lage, eine Art von internationalem Notstandsplan und permanentem Marshallplan auszulösen. Die europäischen Länder, Japan und die USA können ausreichend und über einen langen Zeitraum die Wirtschaft einer gefährdeten kapitalistischen Hochburg subventionieren. Es geht dabei um das Überleben des IWK, der hier wie eine Art internationale Versicherungsgesellschaft funktioniert, die in der Lage ist, auf wirtschaftlicher Ebene und mit ausreichend repressiven Mitteln die schwierigsten Probleme zu bewältigen.

Was wird also geschehen? Wird die aktuelle Krise zu einem neuen gesellschaftlichen Status quo, zu einer Normalisierung »à la Deutschland«, zu einer Gettoisierung der Randfiguren, zu einem allgemeinen *Welfare State* führen, in dem es hier und da einige Nischen der Freiheit gibt? Das ist eine Möglichkeit, aber nicht die einzige. Wenn man sich von vereinfachenden Vorstellungen löst, wird man bemerken, dass Länder wie Deutschland oder Japan nicht vor großen gesellschaftlichen Umwälzungen geschützt sind. Wie dem auch sei, es scheint, dass sich die Situation zumindest in Frankreich in Richtung einer Aufhebung des soziologischen Gleichgewichts, das sich seit Jahrzehnten in der relativen Ausgewogenheit von linken und rechten Kräften manifestiert hat, entwickelt. Wir bewegen uns in Richtung einer Aufteilung: 90% auf der Seite einer konservativen Masse, die von den Massenmedien eingeschüchtert und verblödet wird, und 10% auf der Seite mehr oder weniger widerspenstiger Minderheiten.

Doch wenn man sich diesem Problem aus einem anderen Blickwinkel und nicht nur aus dem der Interessenkämpfe, sondern aus dem der molekularen Kämpfe nähert, ändert sich das Panorama. Was in diesen scheinbar gerasterten und aseptischen gesellschaftlichen Räumen erscheint, ist eine Art von bakteriologischem sozialen Krieg, also etwas, das sich nicht mehr in klar definierten Fronten abzeichnet (Klassenfronten, Forderungskämpfe), sondern in Formen von molekularen Umwälzungen, die schwer zu erkennen sind. Alle möglichen Viren dieser Art attackieren bereits den Gesellschaftskörper in seinen Beziehungen zum Konsum, zur Arbeit, zur Freizeit und zur Kultur (Selbstbeschränkungen, Infragestellung der Arbeit und des Systems der politischen Repräsentation, freie Radios). In der bewussten und unbewussten Subjektivität der Individuen und der gesellschaftlichen Gruppen werden unaufhörlich Veränderungen mit unabsehbaren Folgen zu Tage treten.

III. Revolutionäre Kriegsmaschinen, Agencements des Begehrens und Klassenkämpfe

Wie weit könnte diese molekulare Revolution gehen? Ist sie im besten Fall nicht dazu verurteilt, in Gettos à la Deutschland dahinzuvegetieren? Genügt die molekulare Sabotage der herrschenden gesellschaftlichen Subjektivität nicht in sich selbst? Muss die molekulare Revolution ein Bündnis mit den gesellschaftlichen Kräften der molaren Ebene schließen? Die Hauptthese, die hier vertreten wird, lautet, dass die Axiome des IWK – Schließung, Deterritorialisierung, Multizentrierung, neue Segmentaritäten – nie ihr Ziel erreichen werden. Was die Produktion und Manipulation von Institutionen und Gesetzen angeht, sind die Ressourcen des IWK vielleicht unendlich, aber sie stoßen, und zwar immer heftiger, im Bereich der libidinösen Ökonomie der sozialen Gruppen gegen eine echte Wand oder vielmehr auf ein Geflecht von unüberwindlichen Hindernissen. Das hängt damit zusammen, dass die molekulare Revolution nicht nur die alltäglichen Beziehungen zwischen Männern, Frauen, Homos, Heteros, Kindern, Erwachsenen und »Gardarems«[1] aller Art betrifft. Sie interveniert auch und vor allem in den produktiven Veränderungen als solchen. Man findet sie im Kern der geistigen Prozesse, die durch die neue globale Arbeitsteilung und durch die digitale Revolution angeregt werden. Der Aufschwung von pro-

1 »Gardarem« leitet sich von dem okzitanischen Verb *gardar* her, das in Hochfranzösisch *garder* (bewahren, bewachen) lautet. Das Wort wurde durch die Parole *Gardarem lo Larzac* (Wir werden den Larzac bewahren/bewachen) bekannt, die in den 1970er Jahren bei den Protesten gegen den Ausbau eines Militärgebiets auftauchte. (A.d.Ü.)

duktiven Kräften ist von ihr abhängig. Und deshalb kann der IWK sie nicht umgehen.

Das bedeutet nicht, dass diese molekulare Revolution automatisch zu einer sozialen Revolution führen würde, die in der Lage ist, eine vom IWK befreite Gesellschaft, Ökonomie und Kultur hervorzubringen. War es nicht bereits eine molekulare Revolution, die dem Nationalsozialismus als Nährboden gedient hat? Das Beste und das Schlechteste kann daraus hervorgehen. Der Ausgang dieser Art von Umgestaltungen ist wesentlich abhängig von der Fähigkeit der explizit revolutionären Agencements, sich mit den politischen und gesellschaftlichen Interessenkämpfen zu verbinden. Das ist die wesentliche Frage. Ohne eine solche Verbindung werden alle Mutationen des Begehrens, alle molekularen Revolutionen sowie alle Kämpfe um Räume der Freiheit nie dahin gelangen, gesellschaftliche und wirtschaftliche Umgestaltungen in großem Maßstab in Gang zu setzen.

Wie soll man sich vorstellen, dass es revolutionären Kriegsmaschinen neuer Art gelingt, sich gleichzeitig mit den unübersehbaren gesellschaftlichen Widersprüchen und mit dieser molekularen Revolution zu verbinden?

Die meisten professionellen Aktivisten erkennen die Bedeutung dieser neuen Protestbereiche, aber sie fügen sogleich hinzu, dass im Moment nichts Positives von ihnen zu erwarten sei: »Wir müssen zunächst unsere Ziele auf der politischen Ebene erreichen, bevor wir in diesen Fragen des alltäglichen Lebens, der Schule, der Beziehungen zwischen Gruppen, der Konvivialität und der Ökologie intervenieren können.« Fast alle Strömungen der Linken, der Linksradikalen und der Autonomen nehmen diese Position ein. Jeder ist auf seine Weise bereit, die »neuen sozialen Bewegungen«, die sich seit den 1960er Jahren entwickelt haben, auszunutzen, aber keiner stellt jemals die Frage, wie Kampfinstrumente zu schaffen sind, die ihnen wirklich angemessen wären. Seitdem es um dieses unscharfe Universum der Wünsche, des Alltagslebens und der konkreten Freiheiten geht, gibt es eine seltsame Taubheit und eine wählerische Kurzsichtigkeit bei den ständigen Wortführern, die bei der Vorstellung, dass eine gefährliche Unordnung die Reihen ihrer Organisationen befallen könnte, in Panik geraten.

Die Homos, die Verrückten, die freien Radios, die Feministen, die Ökos, all das ist letztlich doch ein bisschen mau! Im Grunde fühlen sie sich in ihrer Persönlichkeit als Aktivisten und in ihrer individuellen Funktionsweise bedroht, das heißt nicht nur in ihren organisatorischen Konzeptionen, sondern auch in ihren affektiven Besetzungen eines bestimmten Typs von Organisation.

Die bohrende Frage lautet: Wie soll man neue Organisationstypen »erfinden«, die in Richtung dieser Verbindung, dieser Häufung der Effekte von molekularen Revolutionen, von Klassenkämpfen in Europa und von Emanzipationskämpfen der Dritten Welt wirksam sind (die in der Lage sind, Schritt für Schritt, wenn nicht gar Schlag für Schlag, auf die segmentären Transformationen des IWK zu antworten, die eben gerade zur Folge haben, dass man nicht mehr von undifferenzierten Massen sprechen kann)?

Wie kann es solchen Agencements des Kampfes im Unterschied zu den traditionellen Organisationen gelingen, sich Mittel der Analyse zu verschaffen, die es ihnen ermöglichen, sich nicht mehr überrumpeln zu lassen, weder von den institutionellen und technologischen Innovationen des Kapitalismus, noch von den Anfangsstadien einer revolutionären Antwort, die die Arbeiter und Bevölkerungen, die dem IWK unterworfen sind, in jeder

Etappe zum Ausdruck bringen? Keiner kann heute definieren, wie die künftigen Formen der Koordination und der Organisation der molekularen Revolution aussehen werden, doch es liegt auf der Hand, dass sie als absolute Voraussetzung den Respekt für die Autonomie und die Singularität jeder einzelnen ihrer Komponenten beinhalten werden. Es ist von heute an klar, dass ihre Sensibilität, ihr Grad an Bewusstheit, ihre Aktionsrhythmen und ihre theoretischen Begründungen nicht zusammenfallen. Es scheint wünschenswert und sogar wesentlich zu sein, dass sie niemals zusammenfallen. Ihre Widersprüche, ihre Antagonismen dürfen weder durch eine zwanghafte Dialektik »aufgelöst« werden noch durch Führungsapparate, die sie überragen und unterdrücken.

Welche Organisationsformen also? Unscharfe, flüssige? Eine Rückkehr zu den anarchischen Konzeptionen der Belle Époque? Nicht unbedingt, und sogar ganz gewiss nicht! Von dem Moment an, in dem der Imperativ des Respekts für die Merkmale der Singularität und der Heterogenität verschiedener Segmente des Kampfes umgesetzt würde, wäre es möglich, bestimmten Zielen entsprechend eine neue Weise der Strukturierung zu entwickeln, die nicht unscharf oder flüssig ist. Wie die soziale Revolution stößt die molekulare Revolution auf harte Realitäten, die die Schaffung von Kampfapparaten, von wirkungsvollen revolutionären Kriegsmaschinen notwendig machen. Doch damit solche Entscheidungsstellen »tolerierbar« und nicht als Fremdkörper abgelehnt werden, müssen sie unbedingt von jeder »Systemokratie« befreit werden, und zwar sowohl auf einer unbewussten als auch auf einer manifesten ideologischen Ebene. Viele, die Erfahrungen mit den traditionellen Formen des politischen Kampfes gemacht haben, geben sich heute damit zufrieden, feindselig auf jede Form von Organisation zu reagieren, sprich auf jede Person, die versucht, den Vorsitz bei einer Versammlung oder bei der Niederschrift eines Textes zu übernehmen. Sobald die Verbindung zwischen den molaren Kämpfen und den molekularen Besetzungen zur ersten und ständigen Sorge wird, stellt sich die Frage der Schaffung von Informationsstellen, aber auch von Entscheidungsstellen in einem neuen Licht, sei es auf lokaler Ebene, in einer Stadt, einer Region, einem Tätigkeitsbereich, oder im europäischen Maßstab und sogar noch darüber hinaus. Dies beinhaltet Strenge und Disziplin beim Handeln, nach Methoden, die sich gewiss radikal von denen der Sozialdemokraten und der Bolschewiki unterscheiden, das heißt, die nicht programmatisch, sondern diagrammatisch sind.

Was ist noch zu sagen in Bezug auf die Komplementarität (die keine einfache friedliche Koexistenz ist) zwischen:

a) einer politisch-analytischen Arbeit über das gesellschaftliche Unbewusste;
b) neuen Formen des Kampfes für die Freiheiten (so wie übergreifende Zusammenschlüsse oder Bündnisse von Gruppen, bspw. »SOS libertés«);
c) den Kämpfen vielfältiger »nicht abgesicherter« sozialer Gruppierungen, die von den neuen Segmentaritäten des IWK marginalisiert werden;
d) den eher traditionellen sozialen Kämpfen.

Die wenigen Versuche, die seit den 1960er Jahren in den Vereinigten Staaten, in Italien und in Frankreich zu Tage getreten sind, können kaum als Vorbilder dienen. Dennoch wird man durch diese Teilansätze Fortschritte beim Wiederaufbau einer echten revolutionären Bewegung machen. In diesem Zusammenhang kann man sich auf die unvorhersehbarsten Begegnungen vorbereiten, wie etwa beim völlig überraschenden Auftritt von Persönlichkeiten wie dem Richter Bidalou oder dem Komiker Coluche,[2] und auf die Entwicklung von bislang unvorstellbaren subversiven Techniken, insbesondere im Bereich der Medien und der Informatik.

Die Arbeiterbewegungen und die revolutionären Bewegungen sind noch weit davon entfernt, die Bedeutung der Debatte über diese Organisationsfragen zu begreifen. Sie täten gut daran, sich schleunigst wieder fit zu machen, indem sie sich in die Schule des IWK begeben, der sich selbst die Mittel gegeben hat, neue Waffen zu schmieden, um mit den Umwälzungen fertig zu werden, die seine Umorientierung und seine neuen Segmentaritäten hervorbringen. Der IWK greift bei diesen Fragen nicht auf Fachleute zurück; das hat er nicht nötig, denn ihm genügt eine systematische Praxis. Er weiß, was der Multizentrismus von Entscheidungen ist. Keinen zentralen Generalstab und kein politisches Superbüro zu haben, um sich in komplexen Situationen zu orientieren, ist kein Problem für ihn.

Solange wir selbst einer Konzeption von gesellschaftlichen Antagonismen verhaftet bleiben, die nicht mehr viel mit der gegenwärtigen Situation zu tun hat, werden wir uns weiterhin in unseren Gettos im Kreis drehen und auf ewig in der Defensive bleiben, ohne dahin zu gelangen, die Reichweite der neuen Formen des Widerstands, die in den unterschiedlichsten Bereichen

---

2 Jacques »der Richter« Bidalou wurde dadurch bekannt, dass er in einem Rechtsstreit zwischen einem Arbeitslosen und der Sozialversicherung den damaligen Premierminister Raymond Barre vor Gericht rief. Daraufhin wurde er zunächst wegen eines »Verstoßes gegen das Prinzip der Gewaltenteilung« suspendiert und später wegen »Pflichtvergessenheit« seines Amtes enthoben. – Coluche war ein französischer Humorist, Filmschauspieler, Komödiant und Autor, der Ende 1980 ankündigte, für das Amt des Präsidenten zu kandidieren. Laut Umfragen waren seine Chancen nicht schlecht, aber er reichte dann doch keine offizielle Kandidatur ein. (A.d.Ü.)

auftauchen, angemessen zu würdigen. Es geht vor allem darum, die Wahrnehmung dafür zu schärfen, in welchem Maße wir von den Illusionen des IWK kontaminiert sind. Die erste dieser Illusionen ist das Ohnmachtsgefühl, das zu einer Art »Schicksalsergebenheit« gegenüber den Fatalitäten des IWK führt. Auf der einen Seite der Gulag, auf der anderen die Freiheitskrümel des Kapitalismus, und abgesehen davon nebulöse Annäherungen an einen vagen Sozialismus, der ebenso wenig zu erkennen ist wie seine wahren Zielsetzungen. Ob man nun links oder linksradikal ist, ob man nun politisch oder unpolitisch ist, man hat den Eindruck, in eine Festung eingeschlossen oder vielmehr in einem Stacheldrahtnetz gefangen zu sein, das sich nicht nur über die ganze Oberfläche des Planeten erstreckt, sondern auch bis in alle Ecken des Imaginären. Und dennoch ist der IWK viel brüchiger, als es den Anschein hat. Und gerade wegen der Art und Weise seiner Entwicklung ist er dazu verurteilt, immer brüchiger zu werden. Es wird ihm in der Zukunft zweifellos wieder gelingen, viele technische und ökonomische Probleme sowie Probleme der sozialen Kontrolle zu lösen. Aber die molekulare Revolution wird ihm immer mehr entwischen. Eine andere Gesellschaft ist schon jetzt im Entstehen begriffen, in den Empfindungsweisen, in den Beziehungen, im Verhältnis zur Arbeit, zur Stadt, zur Umwelt, zur Kultur, kurz gesagt, im gesellschaftlichen Unbewussten. Der IWK wird sich in dem Maße verhärten, in dem er spürt, wie er von den Wellen der molekularen Transformationen, deren Wesen und Kontur ihm entgehen, überschwemmt wird. Aber Hunderte von Millionen von jungen Leuten, die in Lateinamerika, Afrika und Asien auf die Absurdität dieses Systems stoßen, bilden eine Welle, die eine andere Zukunft mit sich bringt. Die Neoliberalen jeglicher Couleur machen sich süße Illusionen, wenn sie wirklich denken, dass die Dinge sich in der besten aller kapitalistischen Welten wieder von selbst einrenken werden. Die Vermutung ist plausibel, dass die unterschiedlichsten revolutionären Kraftproben weitergehen und sich in den kommenden Jahrzehnten weiterentwickeln werden.

Und es kommt jedem von uns zu, einzuschätzen, in welchem Maße, und sei es noch so minimal, er an der Schaffung von politischen, theoretischen, libidinösen und ästhetischen revolutionären Maschinen mitarbeiten kann, die die Kristallisierung einer gesellschaftlichen Organisationsweise beschleunigen können, die weniger absurd ist als die, der wir heute unterworfen sind.

Das neue Bündnis
Ein Gespräch mit Sylvère Lotringer

Lotringer Heute wird in Frankreich oft vom »Ende des Politischen« oder auch vom »Ende des Sozialen« gesprochen, ganz so, als ob es uns endlich gelungen wäre – wenn auch vielleicht nach rückwärts – den Schritt in eine neue politische Ära zu tun. Offensichtlich hat sich das Soziale aber nicht in Luft aufgelöst, und das Politische bringt tagtäglich weiterhin die ihm eigentümlichen Wirkungen hervor. Zumindest aber lässt sich ein wachsendes Desinteresse gegenüber dem bis heute zentralen Gegenstand der politischen und ideologischen Auseinandersetzungen feststellen: gegenüber dem Gegensatz von rechts und links, zwischen dem kapitalistischen und dem sozialistischen Block. Zwar ist dieser Antagonismus gegenwärtig neuerlich dabei, sich zuzuspitzen, doch wird vielen Leuten zunehmend klar, dass wirkliche Politik, jedenfalls eine Politik, die noch Zukunft in sich trägt, sich auf dieser Ebene nicht mehr abspielt. Auf welcher Ebene spielt sich denn heute wirkliche Politik ab? Und wie kann man heute ein politisches Handeln neu definieren, das sich darauf bezieht, was von einigen immer noch – vielleicht mit viel Optimismus – als der »mögliche Sozialismus« bezeichnet wird? Und das in einem Moment, in dem sich der Niedergang des Marxismus als Instrument der Analyse ebenso bestätigt wie der Bankrott des »realen Sozialismus«, wie er in den Ländern Osteuropas durchgesetzt worden ist.

Guattari Ich habe die Vorstellung noch nie ernst genommen, man habe jetzt den Marxismus hinter sich gelassen und sei dabei, in eine neue politische Ära einzutreten. In Gedanken, Theorien und Ideologien habe ich nie etwas anderes gesehen als Instrumente oder Werkzeuge. Daher auch meine Formulierung (die dann, weil Michel Foucault sie aufgegriffen hat, einen gewissen Erfolg gehabt hat), dass die Gedanken und die Begriffe Bestandteile eines »Werkzeugkastens« seien. Seine Werkzeuge kann man wechseln, man kann sich welche leihen, sich welche stehlen oder welche für sich abzweigen... Was soll das überhaupt besagen, wenn vom Ende des Marxismus gesprochen wird? Ich meine, gar nichts. Das heißt, einige marxistische Werkzeuge funktionieren nicht mehr, andere sind erst noch einmal durchzusehen, wieder andere sind aber auch weiterhin vollständig funktionstüchtig – so dass es einfach dumm wäre, sie in Frage zu stellen. Dementsprechend schließt dann die Überprüfung bestimmter Werkzeuge ein In-Frage-Stellen dieser Begriffe ein – genau so, wie ein Hinterfragen der Theorien Einsteins auch eine Überprüfung der Theorien Newtons mit einschließt. Man kann daher nicht einfach behaupten, dass der Newtonianismus vollständig tot wäre. Mir stellt sich das so dar, dass es ein »Rhizom«, ein Wurzelwerk, von Instrumenten gibt; einige Zweige dieses Rhizoms sterben ab, kleine frische Triebe breiten sich aus usw. Ich habe gelegentlich ein paar marxistische Begriffe ausgeborgt oder für mich abgezweigt, die ich mir nutzbar machen konnte. Ich lese übrigens Marx sehr gerne. Er war ein großer Schriftsteller und ist als Autor gar nicht zu übertreffen.

Lotringer Und kann man überhaupt das Politische hinter sich lassen?

Guattari Ein bestimmter Bankrott der »Politik der Politiker« tut der Politik, die ich mit dem Begriff der »Mikropolitik« zu bezeichnen versucht habe, überhaupt keinen Abbruch. Die Politik – und zwar die wirkliche Politik, die ich mit dem Begriff der »molekularen Revolution« zu fassen versucht habe und die mit dem Verhältnis der großen gesellschaftlichen Gruppen zu ihrer Umwelt und zu ihrer ökonomischen Funktionsweise zu tun hat sowie mit den Haltungen, die sich durch das individuelle Leben, durch das Familienleben oder durch das unbewusste, durch das künstlerische Leben usw. hindurchziehen – hat heute nicht mehr dasselbe Gesicht.

Lotringer Die Ära des »Postpolitischen« bedeutet also nicht das Ende des Politischen, sondern dass heute das Politische andere Signaturen trägt.

Guattari Ganz offenbar heißt das nicht, es gäbe nichts Politisches mehr. Auch wenn Jean Baudrillard sagt, dass es eine »Implosion des Sozialen« gebe, verstehe ich nicht einmal, wovon er eigentlich reden will. Das Soziale findet seinen Ausdruck einfach nicht mehr in einem bestimmten Typ von Kräfteverhältnissen, wie wir es gewohnt sind.

Lotringer Die Kräfteverhältnisse definieren sich nicht mehr einfach als Verhältnisse von links und rechts oder in Gestalt eines Machtkampfes zwischen Arbeiterbewegung und Bourgeoisie.

Guattari Ich gehe da noch weiter: Wir sollten gar nicht mehr von Arbeiterbewegung sprechen. Die Situation hat sich viel zu komplex entwickelt, als dass man sie noch in dieser Perspektive betrachten könnte. Wir haben es doch heute mit riesigen Massen von Leuten zu tun, die aus der Definition einer Arbeiterklasse ganz und gar herausfallen. Das heißt nun nicht etwa, dass keine Kräfteverhältnisse mehr bestünden, sondern dass die Staatsgewalten, der Kapitalismus und der sowjetische Bürokratismus, die Situation nicht mehr unter Kontrolle haben. Wir stecken heute in einer Phase der Gärung, die man früher als »vorrevolutionär« bezeichnet hätte, in der es niemandem mehr gelingt, noch irgendetwas unter Kontrolle zu behalten.

Lotringer Was meinst Du eigentlich genau mit dem Begriff der »molekularen Revolution«?

Guattari Nehmen wir die Epoche als Beispiel, in der in Frankreich wie in Europa das Ancien Régime zu Ende ging. Es ist sehr schwierig, die gemeinsamen Züge herauszuarbeiten, die diese Situation aufwies. Das hat sich ja nicht nur im Moment des Sturms auf die Bastille abgespielt. Das Ancien Régime bildete schon seit mehreren Jahrzehnten eine Gesellschaftsform, die sich auf ihren Zusammenbruch hin bewegte. Das heißt, ein bestimmtes Verhältnis zum Gesetz, zur Religion, zum eigenen Körper, zu den Verwandtschaftsbeziehungen, zur Familie, zur Arbeit, zur Zeit und zur Literatur – alles das war in Bewegung, veränderte sich und zerbrach an allen Ecken und Enden. Und die Bourgeoisie hat dann auch ganz schön Zeit dazu gebraucht, um sich wieder in den Griff zu bekommen und neu zu definieren. Und die Arbeiterbewegung hat übrigens noch länger gebraucht, um dagegen Front machen und überhaupt von sich aus ein Kräfteverhältnis zur Bourgeoisie herstellen zu können.

Lotringer Wie kann man es denn jetzt anstellen, dass man die Formen erkennt, die diese »molekulare Revolution« annimmt, die in unserer Gesellschaft im Gange ist, wenn die bipolaren Klassenbeziehungen und mit ihnen ein ganzes Spektrum marxistischer Analysen nicht mehr operativ sind?

Guattari Zuallererst muss man damit aufhören, so zu tun, als ob es nichts mehr gäbe, als ob es gar nichts mehr gäbe und das auch jedermann egal sei. Man sollte immerhin versuchen, die Natur der Phänomene zu erkennen, mit denen wir es zu tun haben, und den Fluchtpunkt der politischen Ebene wiederzufinden, wo sie sich molekularisiert hat, wo sie wie Pulver geworden ist: schwer zu erfassen und zu bezeichnen. Sodann wären sämtliche uns verfügbaren politischen Instrumente zu hinterfragen, das gilt für die Kräfte des weltweiten Kapitalismus wie für die Kräfte auf der Linken, die das System in Frage stellen und eine andere Art von Lebenszweck auf der Erde verwirklichen wollen.

Drittens wäre es notwendig, alles das zu erfassen, worin sich schon etwas anderes ankündigt – die Schneeballphänomene, der aufblitzende Vorschein, der alsbald wieder erlischt, etwa der Mai 68 in Frankreich. Da gegenwärtig niemand über eine revolutionäre Kriegsmaschinerie verfügt, also über etwas, durch das er die Wirklichkeit in den Griff bekommen könnte, steht die kollektive Subjektivität gewissermaßen unter LSD: Von Zeit zu Zeit hat sie immer wieder einen »Flash«. Sie sieht etwas – und dann hört das wieder auf.

So gab es in Italien die Bewegung der »Autonomia«. Heute gibt es in Europa eine kollektive Vision von Kriegsgefahr und Verwüstung. Und dann Polen – und wieder geht man zu etwas anderem über. Aber das kommt auch wieder. All diese »Flashs«

bedeuten nicht etwa, dass diese Subjektivität in sich völlig unzusammenhängend wäre. Vielmehr ist das eine Anstrengung, etwas zu erfassen, etwas wahrzunehmen, das gar nicht aufgezeichnet ist, das nicht eingetragen, das bisher nicht unterscheidbar und erkennbar gemacht worden ist. Nach meiner Auffassung werden diese Bewegungen, die sich heute in Europa in der Friedensbewegung, im Pazifismus ausdrücken, in einer anderen Phase ihren Ausdruck in der Ökologiebewegung, in den regionalistischen Bewegungen oder in x anderen Elementen dessen finden, was ich als die »molekulare Revolution« bezeichnet habe – und dabei doch immer dieselben Bewegungen sein. Damit rede ich nicht etwa einem Kult der Spontaneität das Wort; es geht mir um den Versuch, alles das, was auf eine andere Art von Kämpfen, einen neuen Typ von Gesellschaft hinausläuft, nicht schlichtweg zu verfehlen.

Lotringer Was für eine Art von »Flash« war eigentlich das italienische Experiment?

Guattari Das italienische Experiment hängt damit zusammen, dass die Machtstruktur, wie sie in Italien bestand, im Vergleich zu den anderen europäischen Ländern so rückständig war. Nachdem die ökonomische Integration in Europa wie auch weltweit derart deutlich geworden war, ist dieser Abstand immer spürbarer geworden – das Fehlen einer staatlichen Wirtschaftspolitik, die unglaublichen Erschütterungen der italienischen Gesellschaft, die Sektoren einer randständigen Wirtschaft (die so marginal gar nicht ist, sondern im Gegenteil eine beträchtliche Rolle im Mechanismus der Wirtschaft spielt, bis hin zum Ausgleich der italienischen Handelsbilanz). Es ist also eine Art von

»Gesellschaft ohne Staat«, um die Formulierung Pierre Clastres aufzugreifen, die sich innerhalb von Strukturen ausgebreitet hat, die ansonsten von der Staatsgewalt genauer kontrolliert werden. Im Unterschied zu anderen europäischen Ländern, in denen sich die Linke seit dem Zweiten Weltkrieg schrittweise aufgelöst hat oder zusammengebrochen ist, hat sich unter den genannten Umständen in Italien ein für die Linke sehr günstiges Kräfteverhältnis halten können – übrigens eine Linke, die völlig unfähig ist, mehr zu sein als Komplize der Christdemokratie.

Gleichzeitig hat Italien einen intellektuellen Aufbruch erlebt, wie er noch nie da gewesen ist. Eine ungeheure kollektive Arbeit, Publikationen und Übersetzungen, hat dazu geführt, dass gegenwärtig die Italiener die Leute auf der Erde sind, die am meisten denken. Wir werden noch Jahrzehnte brauchen, um begreifen zu lernen, dass für uns das Jahrhundert der Aufklärung nicht in Frankreich, in den USA oder in Deutschland stattfindet, sondern in Italien. Und diese Italiener hatten auch eine doppelte Intelligenz – praktisch und theoretisch – mit der sie alles, was in dieser Gesellschaft Züge von Veränderung trägt, zu erfassen suchten. Denn statt die italienische Situation in negativer Weise zu betrachten – d.h. als eine Verspätung, als einen Mangel, den es durch eine Modernisierung mittels industrieller Techniken zu beheben gälte – sind sie auf den Gedanken gekommen, dass eben das, was als Mangel erschien, im Grunde vielleicht schon einen der positiven Züge der zukünftigen Gesellschaft darstellt. Warum sollte man nicht eine bestimmte Art von Arbeitsdisziplin, eine bestimmte Art der Arbeit-Freizeit-Aufteilung, die Trennung zwischen geistiger und körperlicher Arbeit als überholt betrachten? Warum sollte man nicht auch einen anderen Modus der Bewertung ins Auge fassen – und zwar den, der »Selbst-Bewertung« genannt worden ist? Die Italiener sind dann sofort und mit voller Wucht mit allen konservativen Kräften zusammengeprallt – allen voran mit der KPI als der konservativsten.

Das Autonomia-Experiment ist aber dann allein schon dadurch schnell sabotiert und überschritten worden, dass die bewaffneten Bewegungen sich auf einen Prozess der dogmatischen Überbietung eingelassen haben. Damit ist es dem italienischen Staat leichtgefallen, die Autonomia zu diskreditieren, indem er sie – allen Wahrheitsbeweisen zum Trotz – anklagte, der »denkende Kopf« der Roten Brigaden gewesen zu sein.

Die Schemata des bewaffneten Kampfes haben sich auf die Bewegung katastrophal ausgewirkt, da sie der Macht einen hochwillkommenen Vorwand lieferten, um Massenstrukturen zu beseitigen, die relativ unscharf eingegrenzt waren und die gewissermaßen »innere Kolonien« bildeten, fähig, mit Hilfe von aktiven und passiven Widerstandsformen zu überleben – wie etwa die »Selbst-Festsetzungen« (von Steuern, von kommunalen Tarifen oder von Preisen).

Lotringer Könnte dieser Autonomia-Flash woanders wieder auftreten?

Guattari So etwas tritt unvermeidlich wieder auf; denn die Neudefinition dessen, was die Politik ausmacht oder worum es in der Politik geht, steht nicht nur innerhalb der entwickelten kapitalistischen Länder an – darum geht es heute überall. In Frankreich haben wir daraus ja schon ein paar kleine Vorteile ziehen können: Unser Kampf für freie Radios ist vom italienischen Experiment angeregt worden; erst durch dieses Experiment aber haben in Frankreich Gewerkschaftsführer begriffen, dass bestimmte Forderungen den heutigen Kämpfen nicht mehr angemessen sind... Dass die italienische Autonomia gescheitert ist, beweist da gar nichts. Von Zeit zu Zeit lässt uns eine Art von sozialer Chemie erahnen, wie eine andere, sehr viel weniger molekulare und atomisierte Art von gesellschaftlicher Organisation aussehen könnte, die fern von allen früheren Modellen zu einer anderen Art Gleichgewicht führen könnte.

Lotringer Eine solche soziale Chemie sieht man in noch viel ambivalenteren Situationen am Werk – etwa in Polen, wo paradoxerweise gerade die Religion zu einem Motor der Veränderung geworden ist.

Guattari In Polen erleben wir eine sehr heftige Ablehnung der bürokratischen Gesellschaft. Die Leute halten sich dabei krampfhaft an religiöse Vorstellungen. Aber ist das, was dort geschieht, allein deswegen schon ein religiöses Phänomen? Ich glaube, ja. Doch muss man die Definition religiöser Phänomene weiter fassen. In anderen Ländern, etwa im Iran oder im Nahen Osten, finden diese Phänomene anderen Ausdruck. Im gegenwärtigen Augenblick gibt es keinen gemeinsamen semantischen Zug dieser Phänomene, in dem sie sich wechselseitig wiedererkennen und sich miteinander verknüpfen könnten. Ich meine, man sollte den Mut haben, ein »Integral« dieser unterschiedlichen subjektiven Bewegungen zu umreißen. Man bräuchte eine Theorie, die den paradoxalen Modi der kollektiven Zeichenbildung [*sémiotisation*] Rechnung trägt. Durch diese Modi nämlich werden neue Organisationsformen, Transfers sozialer Technologie oder unterschiedliche ideologische Kristallisationen (in unterschiedlichen Gesellschaften) in dem Maße sichtbar, wie die lebendigen

Kräfte einer Gesellschaft nicht dazu in der Lage sind, die Springpunkte der Veränderung in den Griff zu bekommen.

Lotringer Der polnische Syndikalismus erhebt sich im Osten paradoxerweise in einem Augenblick, wo die westliche Gewerkschaftsbewegung an Kraft verliert.

Guattari Deswegen, weil Solidarność sich als Gewerkschaft bezeichnet, ist sie noch nicht wirklich eine. Womöglich handelt es sich um eine ganz neue Struktur, die sich der mehr alltäglichen Probleme besser annehmen kann. Es gibt nicht viele Länder, in denen sich mit einem Schlag 10 Millionen Gewerkschaftsmitglieder auflehnen. Wäre Solidarność eine gewerkschaftliche, eine syndikalistische Angelegenheit gewesen, dann hätte Wałesa einen Kompromiss erreichen und den Bruch vermeiden können, der dann eingetreten ist. Aber es ist eben ein Syndikalismus, der sich nicht manipulieren lässt. Die Leute folgen einfach nicht. Und dennoch ist sie deswegen keine anarchistische Organisation.

Lotringer Es ist ein »Syndikalismus«, der sich von vornherein auf der Ebene der Politik begriffen hat.

Guattari Auf der Ebene der globalen Politik, aber auch der Mikropolitik. Solidarność kümmert sich um das, was auf der Straße geschieht, um die Schlangen, die nach Nahrungsmitteln anstehen usw.

Lotringer Treffen sich nicht auch andere Elemente der polnischen Situation, etwa der Aspekt der Selbstverwaltung, mit bestimmten Vorstellungen der Italiener?

Guattari Ganz genau! Aber andererseits trifft sich das auch in derselben Ohnmacht, wie sie alle diese Vorgänge mit sich bringen. Es ist eine Lehre aus den Ereignissen im Iran, in Polen, in Italien zu ziehen – sofern man nämlich die diesen drei Situationen gemeinsamen Züge zu erfassen sucht. Die Lehre heißt, es wird keine dauerhafte Veränderung geben, keine wirkliche Umwandlung, solange der Kampf nicht über den nationalen Rahmen hinaus geführt wird. Das wird vielleicht schwierig und schmerzhaft sein – aber die Vorstellung, dass etwa die Art von Revolution, die sich in Italien vollzogen hat, zu einem Wechsel auf der Ebene der italienischen Macht hätte führen können, ist mir immer schon absurd vorgekommen.

Lotringer Demnach spielen sich also diese Kämpfe oberhalb wie auch unterhalb der nationalen Strukturen ab, in inneren »Kolonien«, in alternativen Netzen oder in großen, kontinentalen Brennpunkten.

Guattari So ist es.

Lotringer Wie kann man sich die Verbindungen zwischen diesen Ebenen vorstellen?

Guattari Ich habe schon Angst, dass sich solche Verbindungen erst über noch viel katastrophalere Situationen realisieren können. So optimistisch ich auch bin, was die Perspektiven des politischen und sozialen Kampfes angeht – denn ich finde, die revolutionären Krisen sind unbestreitbar schärfer geworden, vielversprechend für die Zukunft, reich an Ausdrucksformen – ebenso fürchte ich aber auch, dass wir zunächst noch durch grauenhafte Krisen hindurch müssen. Ich denke, im Westen wie im Osten werden wir noch Phasen der Militärdiktatur und sehr harte faschistische Regime kennenlernen.

Lotringer Siehst Du gegenwärtig, wie es Paul Virilio vertritt, auf allen Seiten einen Zuwachs an militärischer Macht, die Stärkung eines militärisch-wissenschaftlichen Komplexes auf Kosten der zivilen, bürgerlichen Gesellschaft?

Guattari Diese Frage scheint sich für Russland zu stellen, zieht man dessen gegenwärtige tiefe Krise in Betracht, wie sie in Polen spektakuläre Formen angenommen hat. Muss man deswegen aber behaupten, wie Cornelius Castoriadis das tut, dass das einen Umschlag der sowjetischen Gesellschaft in eine Art von Bonapartismus impliziere und dass die Desorganisation der politischen Strukturen in der UdSSR zu einer Machtstruktur führen wird, die gänzlich vom Militärapparat kontrolliert wird? Das ist eine Hypothese, die von dem, was in Polen geschieht, bestätigt werden könnte – und dennoch geht es gar nicht darum. In Polen gibt es tatsächlich eine ganze Reihe von gesellschaftlichen Kräften und Antagonismen, in denen die Kirche und alle Arten von Bürokratie ihren Raum finden. Was wir heute erleben, ist keine Machtergreifung des militärischen Apparates.

Lotringer Es ist aber doch wohl klar, dass Russland die Entwicklung seiner Konsumtion im Inneren zugunsten einer Teilnahme am Wettrüsten auf allen Ebenen, der konventionellen wie der atomaren, opfert.

Guattari Es ist durchaus möglich, dass in der Sowjetunion der Militärapparat gewissermaßen ein Rückgrat bildet, das sich der offen ausgebrochenen Krise entgegenzustellen vermag. Dasselbe Phänomen hat man in China an der Linie von Lin Piao beobachten können, die die Gesellschaft minimal aufrechtzuerhalten versuchte, während der Maoismus zusammenbrach. Es stimmt also, dass überall, ob in den Ländern Afrikas oder Lateinamerikas, das Gewicht der Militärapparate merklich zugenommen hat. Und dennoch denke ich nicht, dass die Strukturierungen der großen entwickelten Staaten (ob kapitalistisch oder bürokratisch-sozialistisch) Gegenstand einer Veränderung sind, so dass sie eines Tages schlicht und einfach der Herrschaft der Militärmaschinerie unterstellt und die internationalen Beziehungen folglich ganz und gar durch diesen Antagonismus bestimmt sein werden.

Lotringer Aber ist Reagan nicht seinerseits dabei, das Gebäude des »Wohlfahrts«-Staates einzureißen und zugleich in dramatischer Weise das militärische Potential der USA zu verstärken?

Guattari Eine Sache scheint mir hinsichtlich der USA sicher: eine »kissingerianische« Betrachtungsweise der internationalen Beziehungen – die die Kräfteverhältnisse je nach den Situationen und den sozio-historischen Besonderheiten beurteilt – wird zur Zeit überfällig. Als ob eine bestimmte diplomatische Ökonomie abträte zugunsten einer rein strategischen Auffassung mit einem gewissen Manichäismus, wie er der Cowboy-Verrücktheit Reagans und seiner Anhänger eigen ist.

Lotringer Dieser Manichäismus passt doch in Wirklichkeit allen gut in den Kram.

Guattari Genau! Man könnte daraus schließen, dass es doch eine Symmetrie zwischen beiden Blöcken gibt und dass wir gegenwärtig eine tiefgreifende Wandlung der internationalen Situation erleben. Ich glaube das aber nicht. In der gegenwärtigen Phase fehlt nicht nur den Bewegungen, die eine gesellschaftliche Veränderung wollen, die kollektive und kohärente politische Repräsentation, sondern auch dem Kapitalismus. Der internationale Kapitalismus steht selbst vor einem großen Schlamassel. Es fällt ihm äußerst schwer, sich den Konsequenzen seiner eigenen Restrukturierungskrise zu stellen. So sehr er auch auf der Ebene der streng ökonomischen Fragen (der Geldpolitik oder des Erdöls) durchaus Lösungen findet, wenn auch riskante und schwierige Lösungen, so zeigt er sich dagegen auf der politischen Ebene als im Wesentlichen ohne Perspektive. Unterm Strich betrachtet, hat er keine Politik gegenüber den Entwicklungen der Länder der Dritten Welt, in Asien, in Afrika, in Lateinamerika. Die menschlichen, ökologischen und sonstigen Katastrophen, die ganze Länder verwüsten, entsprechen auch nicht den Interessen des integrierten weltweiten Kapitalismus. Die totale Krise, in der sich die Bevölkerungen, die Massen, die Arbeiterklassen, die Bauern und überhaupt die Dritte und die Vierte Welt befinden, kann der internationale Kapitalismus einfach nicht mehr managen. Ich glaube also nicht, dass die gegenwärtige Phase des Antagonismus zwischen dem amerikanischen Kapitalismus und den Sowjets etwas anderes ist als eine bloße Übergangsphase. Ich stelle mir vielmehr vor, dass schließlich, auf längere Sicht, eine

Erneuerung ihrer Komplizenschaft stattfinden wird, die Organisierung einer amerikanisch-sowjetischen internationalen Polizei.

Lotringer Du meinst also, wir werden bald die Aushandlung eines neuen Jalta erleben?

Guattari Man wird schließlich zu einer neuen Aufteilung der Einflusszonen kommen. Sie wird den ganzen Planeten einem Nord-Süd-Verhältnis unterordnen und die Ost-West-Antagonismen abschwächen. Was ich da sage, ist vielleicht paradox, aber meiner Meinung nach wird die gegenwärtige Periode hinweggefegt werden, wird Reagan, wird Breschnew hinweggefegt werden. Der amerikanische Kapitalismus und die sowjetische Bürokratie haben jedes erdenkliche Interesse daran, sich zu verständigen oder wenigstens Kompromisse zu erreichen. Das ist übrigens auch die Ahnung, die Schmidt hat und mit einer bestimmten Strömung der europäischen Sozialdemokratie teilt.

Lotringer Das Politische, das war bisher auch immer ein bestimmtes Mittel, um den Krieg zu vermeiden oder um den Krieg mit anderen Mitteln fortzusetzen. Aber der menschliche Eingriff und die menschliche Entscheidungsfähigkeit erweisen sich doch jetzt schon mehr und mehr als unfähig, eine mögliche nukleare Explosion, einen allgemeinen weltweiten Konflikt zu verhindern.

Guattari Das ist doch pure Science-Fiction. Auch ich sehe *Dr. Strangelove* wirklich gern, aber ich glaube überhaupt nicht an die Perspektive eines Weltkrieges. Krieg wird es sicher geben, aber was für einen Krieg? Genau den Krieg, den wir seit dreißig Jahren unaufhörlich erleben. Genau denselben. Wenn man sich klar macht, was die Kriege im Tschad oder in El Salvador oder in Guatemala vom Standpunkt der Leute bedeuten, die unter ihnen leiden, die verletzt werden, die gefoltert werden, die verhungern – ja was ist das anderes als Krieg? Was kann man denn Schlimmeres erwarten? Also solche Kriege wird es weiter geben – nur eben überall. Segmentierte Kriege, die immer letztlich zweideutig bleiben werden, weil sie um lokale Probleme geführt werden, zugleich aber zum Austarieren der Kräfteverhältnisse zwischen den Weltgendarmen beitragen. Das Beispiel Vietnam macht das deutlich: Dieser Krieg ohne Ende, der gegenwärtig irgendwo in Kambodscha fortgesetzt wird, war zu Anfang ein Volkskrieg, der Krieg zur Befreiung Süd-Vietnams. Aber wie in allen Volkskriegen haben sich in ihm die Großmächte zu Schiedsrichtern ernannt, und so waren es China und schließlich die Sowjetunion, die aus ihm ihren Vorteil gezogen haben. Und das gipfelt dann in so etwas Schrecklichem und für die Bevölkerung Katastrophalem wie der Pol-Pot-Geschichte usw. Diese Kriege werden gegenwärtig immer von den Großmächten gewonnen.

Lotringer Es gibt auch Kriege, die nicht gewonnen werden können, nicht einmal von großen (militärischen) Apparaten. Das ist ein neuartiges Phänomen, das man trotz der Zunahme von fragmentarischen Kriegen nicht vernachlässigen sollte.

Guattari Da besteht ein Risiko, ganz offensichtlich, und die kollektive und unbewusste Sensibilität, die sich in den Friedensbewegungen ausdrückt, nimmt dieses Risiko wahr. Aber für mich sind die gegenwärtigen Friedensbewegungen sehr verschieden von jener Friedensbewegung, wie sie sich in der großartigen und bewunderungswürdigen Periode vor dem Ersten Weltkrieg entwickelt hat, wo die Sozialisten die Demoralisierung der Armee forderten, und zwar der eigenen Armeen. Wenn sich jetzt wieder eine solche Idee ausbreiten würde, dann wäre das wirklich wichtig.

Lotringer In Deutschland verbindet die Bewegung mittlerweile schon sehr heterogene Bestandteile, die sich politisch gelegentlich sogar antagonistisch gegenüberstehen – fortschrittliche Kräfte, Christen, Reaktionäre oder »Grüne«. Sie ist ein Mosaik, eine bunte Collage, die sich nicht an die traditionellen politischen Spaltungslinien hält, die der Logik der Blöcke nicht gehorcht. Jenseits der unmittelbaren Motive die man nicht vernachlässigen sollte, da sie die Ablehnung einer »atomaren Gesellschaft« ausdrücken (mit allem was das an Zugriff und Kontrolle über die bürgerliche Gesellschaft mit sich bringt), zeichnet sich in Umrissen eine neue, ursprüngliche Form politischen Handelns ab, durch das in die kollektive Subjektivität in noch unbestimmter, aber doch schon wirklicher Weise die Forderung nach einer anderen Art von Gesellschaft übersetzt wird. Wichtig ist auch die Tatsache, dass die Friedensbewegung ebenso wie die Ökologiebewegung, die sie überlagert, sich zu einer Lawine entwickeln und die bloß nationalen Grenzen schnell überwinden können. In den USA haben nur wenige Monate genügt, um die Anti-Atom-Bewegung im ganzen Land zu einer beträchtlichen Breite kommen zu lassen. Vielleicht verbirgt sich hinter den apokalyptischen Stimmungen eine tiefgreifende Veränderung der politischen Grundstimmung der Bevölkerungen. Das in einem Augenblick, da alle Perspektiven durch die Manöver der großen Apparate und die Verwirrung der ideologischen Optionen, auf die wir bisher gesetzt haben, blockiert erscheinen. Jedenfalls hat man schon seit langem keine vergleichbare Mobilisierung von Energien erlebt.

Guattari Ich sehe meinerseits darin den Reifungsprozess einer Idee, die, nähme sie wirklich Gestalt an, eine unglaubliche Kraft hätte: Das ist der Gedanke, dass man vor sowjetischen Raketen nicht durch amerikanische beschützt werden kann und umgekehrt; das ist der Gedanke, in diesem Ost-West-Verhältnis weder vor den sowjetischen Bürokratien noch vor den repressiven Apparaten geschützt zu sein. [...]

Lotringer Im Augenblick verfügen wir doch über sehr wenig Mittel, mit denen wir Druck auf die Sowjetunion ausüben könnten – die ihre Dissidenten geknebelt hält und die mageren Reihen ihrer eigenen Pazifisten verfolgt. Dagegen fehlt es uns nicht an Handlungsmöglichkeiten im westlichen Lager. Dem Anschein zum Trotz ist Europa vielleicht doch nicht in einer wirklich neuralgischen Lage – trotz der von Reagan verfolgten Politik. Und darüber hinaus ist vielleicht auch Europa gar nicht der Ort, wo die Friedensbewegung den wirksamsten Druck ausüben kann. Wenn die Bewegung in den USA stärker würde, in dem Land, in dem heute für den militärisch-wissenschaftlichen Komplex allenfalls »der Himmel die Grenze« bildet, in dem die Informationen über die Atomwaffen viel leichter als anderswo zirkulieren, und wenn vor allem durch die amerikanische Friedensbewegung hindurch eine neue politische Intelligenz ans Tageslicht käme, dann könnte der davon ausgehende Druck in ganz anderer Weise wirksam werden.

Guattari Ich stimme Dir zu. So etwas wäre in dem Augenblick möglich, in dem die Leute ihre Verbündeten in Russland, in Afrika und überall zu sehen vermöchten, so dass ein neues Bündnis möglich wäre, weil sie alle letzten Endes gemeinsame Feinde haben. Das steht doch, denk ich mir, hinter Deinem Vorschlag einer Ausweitung.

Nun noch ein wenig Science-Fiction, Dir zu Gefallen. Stell Dir vor, in Russland geht es drunter und drüber, und sei es auch nur ein Bruchteil dessen, was gegenwärtig in Polen läuft. Dadurch würden die gegenwärtigen Kräfteverhältnisse vollständig verändert. Wenn spürbar würde, dass die politischen und militärisch-industriellen Apparate in diesen Ländern ihre Kraft verlören... Noch zwei Polen dazu und noch zwei Afghanistan...

Lotringer Meinst Du, wir sind auf dem Weg dahin?

Guattari Die Russen haben sich ins gleiche Wespennest gesetzt wie die Amerikaner in Vietnam. Das wird böse enden. Und es ist ja auch nicht auszuschließen, dass die Sache in Polen in einen bewaffneten Kampf umschlägt. Das hat es in den Ländern des Ostens bis heute noch nie gegeben: bewaffneten Widerstand. Das ist ein wichtiger Punkt.

Lotringer Solidarność hat immer wieder den bewaffneten Kampf abgelehnt. Die Religion spielt da paradoxerweise gegenüber den tief sitzenden Bestrebungen der Bevölkerung eine mäßigende Rolle.

Guattari Vielleicht kommt es schließlich doch zu einem bewaffneten Widerstand – das würde große Probleme hervorrufen. Ich sage nicht, das ist die Lösung, aber der Moment wird bestimmt kommen, in dem die Krise in der Sowjetunion praktisch unvermeidbar werden wird.

Kapitalistische Systeme, Strukturen und Prozesse[1]

Die Frage des Kapitalismus kann aus vielen Blickwinkeln betrachtet werden, aber die der Ökonomie und des Sozialen bilden einen Ausgangsbereich, der unumgänglich ist.

Aus einem ersten Blickwinkel kann der Kapitalismus als allgemeine Funktion der Semiotisierung einer bestimmten Weise der Produktion, der Zirkulation und der Distribution definiert werden. Der Kapitalismus, die »Methode« des Kapitals, wird als eine spezifische Vorgehensweise bei der Verwertung von Waren, Gütern, Aktivitäten und Dienstleistungen betrachtet, die auf Indizierungs- und Symbolisierungssystemen basiert, welche ihrerseits auf einer bestimmten Syntax beruhen und die Übercodierung sowie die Kontrolle ihrer Verwaltung erlauben. Diese »formalistische« Definition ist vertretbar, da eine solche Semiotisierungsfunktion – auch wenn sie mit der Definition von technischen und sozioökonomischen Agencements, mit denen sie zusammenhängt, untrennbar verschränkt ist – ebenfalls eine innere Kohärenz aufweist. So gesehen könnten die kapitalistischen »Schreibweisen« mit mathematischen Teilgebieten verglichen werden, deren axiomatische Konsistenz auch nicht durch die Anwendungen beeinträchtigt wird, die von ihnen in außer-mathematischen Bereichen gemacht werden können. Wir schlagen vor, diese erste Ebene folgendermaßen zu nennen: *semiotisches System* des Kapitalismus oder *Semiotik der kapitalistischen Wertschöpfung*.

Aus einem zweiten Blickwinkel erscheint der Kapitalismus eher als Erzeuger eines besonderen Typs von sozialen Bezie-

1 Gemeinsam verfasst mit Eric Alliez.

hungen. Hier rücken die Gesetze, die Gebrauchsweisen und die Segregationspraktiken in die erste Reihe vor. Die ökonomischen Schreibweisen können variieren; im Vordergrund steht die Bewahrung einer bestimmten sozialen Ordnung, die auf der Rollenverteilung zwischen denen, die das Machtmonopol haben, und denen, die ihnen unterworfen sind, beruht, und dies sowohl in den Bereichen der Arbeit und des Wirtschaftslebens als auch in den Bereichen der Lebensweise, des Wissens und der Kultur. All diese Rollenverteilungen, die sich mit denen der Geschlechter, der Altersklassen und der Rassifizierungen überschneiden, bilden schließlich – »letzten Endes« – die konkreten Segmente des Sozius. Diese zweite Ebene wird als *Struktur der Segmentarität* des Kapitalismus oder als *kapitalistische Segmentarität* definiert, die ihrerseits auch einen bestimmten Grad an innerer Kohärenz zu bewahren scheint, ganz gleich, wie ihre Veränderungen oder die Umwälzungen, die die Geschichte ihr aufzwingt, aussehen.

Es ist jedenfalls klar, dass die »Codierung« des Kapitalismus nicht ausgehend von einer »Gesetzestafel« vonstatten geht, die ein für alle Mal die zwischenmenschlichen Beziehungen definiert. Die Ordnung, die er regelt, entwickelt sich ebenso wie seine eigenen ökonomischen Syntaxen. In diesem Bereich sind, wie in vielen anderen auch, die Einflüsse nicht einseitig; wir haben es niemals mit einer Einbahnstraßenkausalität zu tun. Ebenso wenig geht es darum, sich mit einem schlichten Gegensatz zwischen diesem semiotischen System und dieser Segmentaritätsstruktur zufriedenzugeben. Diese beiden Aspekte gehen miteinander einher, und ihre Unterscheidung ist nur in dem Maße relevant, in dem sie es ermöglicht, die Interaktionen zu erhellen, die beide zu einer dritten, ebenso grundlegenden Ebene unterhalten, nämlich zu der der *Produktionsprozesse*. Präzisieren wir zunächst, dass diese letzte Ebene aus der hier eingenommenen Perspektive nicht mit dem gleichgesetzt werden darf, was die Marxisten »Produktionsverhältnis« oder »infrastrukturelle ökonomische Verhältnisse« nennen. Unsere Kategorie der Produktion ist zweifellos mit der Sichtweise des Marxismus verbunden, doch in den Bereichen der konkreten und abstrakten Maschinen, die weitaus dehnbarer sind, geht sie deutlich darüber hinaus. Diese prozessualen Komponenten müssen also sowohl die materiellen Kräfte, die menschliche Arbeit und die sozialen Beziehungen als auch die Besetzungen des Begehrens umfassen. In dem Fall, in dem das Agencement dieser Komponenten zur einer Anreicherung ihrer Potentialitäten führt (und das Ganze größer als die Summe der Teile ist), werden diese prozessualen Interaktionen als diagrammatisch bezeichnet. Wir sprechen dann von maschinischem Mehrwert.

Ist es unter diesen Bedingungen legitim, weiterhin vom Kapitalismus als von einer allgemeinen Entität zu sprechen? Welchen Platz hat die Geschichte im Kapitalismus? Das einzige Element von geschichtlicher Kontinuität, das seine Avatare anscheinend charakterisieren könnte, wäre eben gerade dieser prozessuale Charakter seiner Produktionssphäre in dem sehr weiten, oben angeführten Sinne. Man kann Kapitalismus an allen Orten und zu allen Zeiten »finden«, sobald man ihn entweder aus der Sicht der Ausbeutung von proletarischen Klassen betrachtet oder als Einsatz von Mitteln zur ökonomischen Semiotisierung, die den Aufschwung von großen Märkten erleichtert (Buchgeld, Papiergeld, Kreditgeld usw.). Dennoch bleibt es dabei, dass die Formen des Kapitalismus in den letzten drei Jahrhunderten erst in dem Moment »durchgestartet« sind, als die Wissenschaften, die industriellen und kommerziellen Techniken und der Sozius ihr Schicksal – in ein und demselben verallgemeinerten Transformationsprozess (der auch ein Deterritorialisierungsprozess ist) – unwiderruflich miteinander verbunden haben. All dies trägt dazu bei, dass wir glauben, ohne einen solchen »maschinischen Knoten«, ohne eine solche Ausweitung der »Mechanosphäre« wären die Gesellschaften, in denen die Formeln des Kapitalismus entstanden sind, nicht in der Lage gewesen, die schweren Traumata, die von den weltweiten Krisen und Kriegen verursacht wurden, zu überwinden, und dass sie ihre Karriere sicherlich in den gleichen Sackgassen beendet hätten wie bestimmte große Zivilisationen: ein endloser Todeskampf oder ein plötzlicher »unerklärlicher« Tod.

Der Kapitalismus würde somit eine paroxystische Form der Integration verschiedener Typen von Maschinerien repräsentieren: technische Maschinen, ökonomische Schreibmaschinen, aber auch konzeptuelle Maschinen, religiöse Maschinen, ästhetische Maschinen, Wahrnehmungsmaschinen, Wunschmaschinen... Seine Weise der Semiotisierung – die Methode des Kapitals – bildete eine Art kollektiven Computer[2] des Sozius und der Produktion und zugleich einen »Suchkopf« auf der Suche nach Innovationen, die seinen inneren Trieben entsprechen. Unter diesen Bedingungen wäre sein Rohstoff, sein Grundnahrungsmittel nicht mehr direkt die menschliche Arbeit oder die Arbeit der Maschine, sondern die Gesamtheit der *semiotischen Steuerungsmittel*, die mit der Instrumentierung, mit der Einfügung in den Sozius, mit der Reproduktion und mit der Zirkulation von vielfältigen Komponenten zusammenhängen, die mit diesem Prozess, also mit der maschinischen Integration zu tun haben. Was das Kapital kapita-

---

2 Oskar Lange vergleicht den kapitalistischen Markt mit einem »ersten Computer«. Zitiert bei Fernand Braudel, *Sozialgeschichte des 15.-18. Jahrhunderts*, Bd. II, »Der Handel«, übers. von Siglinde Summerer und Gerda Kurz, München 1986, S. 239.

lisiert, ist semiotische Macht. Doch nicht irgendeine Macht (denn in dieser Hinsicht gäbe es keinen Grund, sie von früheren Formen der Ausbeutung abzugrenzen), sondern eine deterritorialisierte semiotische Macht. Über ein System der kollektiven Semiotisierung verleiht der Kapitalismus bestimmten gesellschaftlichen Untermengen ein Vermögen der selektiven Kontrolle des Sozius und der Produktion. Was ihn geschichtlich auszeichnet, ist, dass er sich nur bemüht, die verschiedenen Komponenten zu kontrollieren, die zur Erhaltung seines prozessualen Charakters beitragen. Der Kapitalismus ist nicht darauf aus, eine despotische Macht über *alle* Räderwerke der Gesellschaft auszuüben. Es ist sogar unverzichtbar für sein Überleben, dass es ihm gelingt, Randbereiche der Freiheit und Beziehungsräume der Kreativität einzurichten. Es kommt ihm in erster Linie darauf an, die semiotischen Räderwerke zu beherrschen, die wesentlich für die wichtigsten produktiven Agencements sind, insbesondere jene, die mit den sich weiterentwickelnden maschinischen Prozessen zu tun haben (mit den Agencements der maschinischen Vermögen). Zweifellos wird er durch die Kraft der Geschichte dahin geführt, sich für alle Bereiche des Sozialen zu interessieren (die öffentliche Ordnung, die Erziehung, die Religion, die Künste usw.), aber ursprünglich ist das nicht sein Problem: Er ist vor allem und voll und ganz ein *Modus der Bewertung* und ein *technisches Mittel zur Kontrolle* von Agencements des Vermögens und von Formationen der Macht, die ihnen entsprechen.

Sein ganzes »Mysterium« hängt damit zusammen, dass es ihm gelingt, in ein und demselben allgemeinen System der Inskription und Äquivalenzbildung Entitäten miteinander zu verbinden, die auf den ersten Blick völlig heterogen sind: materielle und ökonomische *Güter*, individuelle und kollektive menschliche

Aktivitäten und industrielle und wissenschaftliche technische *Prozesse*. Und der Schlüssel zu diesem Mysterium liegt darin, dass er sich nicht darauf beschränkt, diese vielfältigen Bereiche zu messen, zu vergleichen, zu ordnen und zu digitalisieren, sondern bei der Ausführung dieser verschiedenen Operationen aus jedem dieser Bereiche ein und denselben *maschinischen Mehrwert* oder *maschinischen Ausbeutungswert* zu extrahieren. Sein Vermögen, durch ein und dasselbe Semiotisierungssystem die heterogensten maschinischen Werte auf einen Punkt auszurichten, gibt dem Kapitalismus nicht nur die Herrschaft über die materiellen (handwerklichen, manufakturellen, industriellen...) Maschinen der ökonomischen Sphäre, sondern auch über die immateriellen Maschinen, die in den menschlichen (produktiv-unproduktiven, öffentlich-privaten, real-imaginären...) Aktivitäten wirksam sind.

Jeder »manifeste« ökonomische Markt entfaltet sich demnach parallel zu verschiedenen »latenten« Feldern von maschinischen Werten, Werten des Begehrens, ästhetischen Werten usw., die man als Inhaltswerte bezeichnen könnte. Die bewusste und »flache« ökonomische Wertschöpfung wird somit verstärkt durch »tiefere« Weisen der Wertschöpfung, die im Vergleich zu den expliziten Wertschöpfungssystemen des Tauschverkehrs relativ unbewusst sind. Doch die Tatsache, dass diese Inhaltswerte im Rahmen der gegebenen Produktionsverhältnisse dahin gebracht werden, formale ökonomische Werte »in Rechnung zu stellen«, hat durchaus Rückwirkungen auf ihre innere Organisation. Eingeschrieben in die Äquivalenzlogik, konstituieren sie sich als allgemeiner Markt von Referenzwerten. Der Gebrauchswert wird in den Orbit des Tauschwerts hineingezogen – und zwar so weit, dass er von Letzterem als (durch die Arbeit strukturierte) Natur produziert wird... Mit der Autonomie des Gebrauchswerts verschwindet *ex abrupto* der kategorische Imperativ seiner revolutionären Wiederaneignung als Element der endogenen Krise.

Am Ende dieses Integrationsprozesses steht die kapitalistische Wertschöpfung auf der Grundlage einer doppelten Verbindung zum:

- allgemeinen Markt der formalen ökonomischen Werte,
- allgemeinen Markt der maschinischen Werte.

Aus diesem System des doppelten Marktes geht der wesentlich ungleichheitliche und manipulative Charakter jeder Tauschoperation im kapitalistischen Kontext hervor. Das hängt mit dem Wesen der Semiotisierungsweise der kapitalistischen Agencements zusammen, die letzten Endes immer von widersprüchlichen Operationen ausgeht:

1.) von der Herstellung der Kommunikation und der formalen Äquivalenz heterogener Bereiche, asymmetrischer Vermögen und Mächte;
2.) von der Eingrenzung abgeschlossener Territorien (Regime des Eigentumsrechts) und von der Schaffung einer sozialen Segmentarität, die auf der Programmierung der Verwendung von Gütern und Rechten sowie auf der Definition von Empfindungsweisen, Vorlieben und »unbewussten« Entscheidungen beruht, die den verschiedenen gesellschaftlichen Gruppen eigen sind.

Wir werden also mit einer neuen Schwierigkeit konfrontiert. Wir werden jetzt davon bedroht, uns nicht mehr von einem einfachen Gegensatz zwischen ökonomischer Form und maschinischem Inhalt befreien zu können, und wir laufen Gefahr, mit der Hervorbringung von Wertschöpfungsprozessen eine historische

Notwendigkeit zu hypostasieren (die Agencements »vorkapitalistischer« Wertschöpfungen warten darauf, durch eine deterritorialisierte kapitalistische Wertschöpfung übercodiert zu werden, während die maschinischen Inhaltswerte durch ihre qualitativen Besonderheiten, ihre Heterogenität und den nicht gleichheitlichen Charakter ihrer Beziehungen wie territorialisierte Residuen einer wesentlich quantifizierenden, homogenisierenden und »gleichmachenden« Wertschöpfungsbewegung erscheinen). Wenn es wahr ist, wie Fernand Braudel gezeigt hat,[3] dass der grundlegend nicht gleichheitliche Charakter von kapitalistischen Märkten in der Epoche der *Wirtschaftswelten*, die sich rund um Städte wie Venedig, Antwerpen, Genua und Amsterdam erstreckten, viel sichtbarer, viel weniger »unnatürlich« war als in der Epoche der heutigen Weltmärkte, so sind letztere dennoch nicht zu transparenten und neutralen ökonomischen Einschreibeflächen geworden. Es ist im Gegenteil offensichtlich, dass zum Beispiel die Ausbeutung der Dritten Welt keineswegs auf einem gleichheitlichen Austausch beruht, sondern vielmehr auf Methoden der Ausplünderung, die durch den Export von technologischen Glasperlen und einigen Luxus-Gadgets »kompensiert« werden, die für den Konsum einer Handvoll von einheimischen Privilegierten bestimmt sind. Was »neue Ökonomen« und »Neoliberale« jedoch nicht daran hindert,

3 Laut Braudel haben sich die frühkapitalistischen Märkte in konzentrischen Zonen ausgehend von Metropolen entwickelt, die Schlüsselökonomien enthielten und es ermöglichten, den Hauptteil des Mehrwerts abzuschöpfen, während diese an ihrer Peripherie – aufgrund der Trägheit des Austausches und des dort herrschenden schwachen Preisniveaus – zu einer Art »Nullpunkt« tendierte. Braudel meint, dass jede Wirtschaftswelt notwendigerweise auf eine einmalige Stadtwelt ausgerichtet war. Doch vielleicht ist er in diesem Punkt ein wenig zu systematisch. Kann man nicht die Hypothese aufstellen, dass die städtischen und kapitalistischen Prozesse sich nicht nach einem monozentrischen Modell entwickelt haben, sondern nach einem multipolaren Rhizom von »Stadtarchipelen«?

an allen Orten und bei jeder Gelegenheit die heilbringenden Vorzüge des kapitalistischen Marktes anzupreisen!

Ihnen zufolge ist nur der kapitalistische Markt in der Lage, einen optimalen Ausgleich von Kosten und Zwängen zu garantieren.[4] Die reaktionärsten Ökonomen scheinen also eine umgekehrte dialektische Vision der Fortschritte der Geschichte verinnerlicht zu haben. Da die schlimmsten Abirrungen nunmehr Bestandteil der geschichtlichen Notwendigkeit geworden seien, sei es angeraten, sich ihnen rückhaltlos an den Hals zu werfen. Die Marktwirtschaft sei das einzige System, das es ermögliche, eine optimale *Mobilisierung* sämtlicher Informationen zu gewährleisten, die zur Regulierung komplexer Gesellschaften benötigt werden. Der Markt ist, wie Hayek erklärt,[5] nicht nur eine anonyme Maschinerie, die den Austausch von Gütern und Dienstleistungen ermöglicht, oder ein »statischer Mechanismus zur Verteilung vorhandener Ressourcen«, sondern vor allem ein dynamisches Instrument zur Produktion und Verbreitung von Kenntnissen, die im Gesellschaftskörper verstreut sind. Am Ende dieser Argumentation wird selbst die Idee der »Freiheit« auf den Begriff der Information zurückgeführt und von einem »kybernetischen« Ansatz abhängig gemacht. Wenn man Vera Lutz folgt, ist es »die Unvollkommenheit der Information, die dem Kapitalismus als System der gesellschaftlichen Organisation seine grundlegende Daseinsberechtigung gibt. Wenn die Information vollkommen wäre, bräuchte man keine Kapitalisten, wir alle könnten problemlos

---

4 Siehe Henri Lepage, *Der Kapitalismus von morgen*, übers. von Gerti von Rabenau, Frankfurt a. M. 1979, S. 230 ff.

5 Friedrich A. Hayek, *Individualismus und wirtschaftliche Ordnung*, Erlenbach-Zürich 1952.

Sozialisten sein.«[6] Die Ungleichheit des Austausches hängt nach den Vertretern dieser Art von Theorie letzten Endes nur mit den »Unvollkommenheiten« der Strukturen von *Informationskosten* in den Gesellschaften zusammen.[7] Noch eine Anstrengung bei den Kosten und alles wird gut! Und dennoch ist offensichtlich, dass die Dritte Welt – ob gut oder schlecht informiert – ihre Arbeit und ihre Reichtümer nicht wirklich gegen Coca-Cola-Kisten oder Ölfässer »tauscht«. Sie wird durch das Eindringen der herrschenden Wirtschaftssysteme angegriffen und zum Ausbluten getrieben. Und genauso, wenn auch in anderem Maßstab, läuft es mit den Dritten und Vierten Welten innerhalb der wohlhabenden Länder.

Der nicht gleichheitliche Charakter der kapitalistischen Märkte ist keineswegs ein archaischer Zug, ein geschichtliches Relikt. Die pseudo-gleichheitliche Präsentation des »Tausches« auf dem Weltmarkt ist ebenso das Ergebnis eines Mangels an Information wie einer ideologischen Beschönigung der Verfahren, die zur gesellschaftlichen Unterordnung [*sujetion*] eingesetzt werden. So fungiert diese Präsentation als wesentliche Ergänzung der Tech-

---

6 Vera Lutz, *Central Planning for the Market Economy*, London 1969.

7 Im Gegensatz zu dem, was die Theoretiker der *public choice* verkünden, kann die Zunahme der Information in diesem Bereich – insbesondere der massenmedialen Information, die vom System beherrscht wird – die nicht gleichheitlichen Auswirkungen dieser Integrationstechniken nur verstärken. Das Projekt, »die Theorie der Produktion und des Austausches von Gütern oder Dienstleistungen im Handel durch eine äquivalente Theorie zu vervollständigen, die so weit wie möglich mit der Funktionsweise von *politischen Märkten* (James Buchanan) kompatibel ist«, wurde vielleicht von guten Absichten getragen, doch das Mindeste, was man dazu sagen kann, ist, dass es unvollständig ist und eine schlechte Wendung genommen hat (siehe dazu die zerstörerischen Glanzleistungen der *Chicago Boys* von Milton Friedman im Chile von Pinochet). Die wirtschaftlichen, politischen und institutionellen Märkte sind eine Sache, die maschinischen und libidinösen Märkte eine andere. Und nur von der Seite dieser letzteren aus kann man die wesentlichen Hilfsmittel der gesellschaftlichen Wertschöpfung und der maschinischen Kreativität erfassen.

niken zur Integration der kollektiven Subjektivität, um von ihr eine optimale libidinöse Zustimmung zu erlangen, also eine aktive Unterwerfung [*soumission*] unter die Ausbeutungs- und Segregationsverhältnisse. Aus der Sicht der maschinischen Werte und der Werte des Begehrens scheint die Triftigkeit der Unterscheidung von Gütern und Tätigkeiten verschwinden zu müssen. Bei einem bestimmten Typ von Agencement erzeugen die menschlichen Aktivitäten, die ordnungsgemäß vom kapitalistischen Sozius kontrolliert und gesteuert werden, aktive maschinische Güter, während die Entwicklung von anderen Agencements dahin führt, dass bei bestimmten Gütern jegliche ökonomische Aktualität verloren geht, sodass ihre »maschinische Virulenz« abgewertet wird. Im ersten Fall verwandelt sich eine Aktivitätsmacht (ein »Aktivum« an Macht) in ein *maschinisches Vermögen*, das in hohem Maße verwertbar ist; im zweiten Fall kippt ein maschinisches Vermögen (ein »Aktivum« an Vermögen) auf die Seite der *formalen Mächte* und lässt uns aus den geschichtlichen Realitäten herausfallen. Daher müssen wir die drei systemischen, strukturellen und prozessualen Komponenten des Kapitalismus zusammenhalten und dürfen keiner von ihnen den Vorrang gegenüber den anderen einräumen, und wenn doch, dann nur einen kontingenten.

Die Bewertungsformeln, die die Ökonomen im Allgemeinen als allein zutreffend präsentieren,[8] haben in der realen Wirtschaftsgeschichte immer nebeneinander gestanden – entweder

---

8 Zu diesen Bewertungsweisen des Kapitals siehe Alain Cotta, *Théorie générale du capital, de la croissance et des fluctuations*, Paris 1967, und *Encyclopædia Universalis*, Stichwort »Capital«.

indem sie konkurrierten oder indem sie sich ergänzten.[9] Es ist auch nicht angebracht, jede einzelne von ihnen in eindeutiger Weise zu bestimmen. Ihre unterschiedlichen Existenzformen (handelsmäßige, industrielle, finanzielle, monopolistische, staatliche oder bürokratische Wertschöpfung) ergeben sich daraus, dass die eine oder andere ihrer Grundkomponenten in den Vordergrund gestellt und aus einem einzigen grundlegenden Fächer »selektiert« wurde, der sich in der vorliegenden »Kartographie« auf drei Begriffe reduziert:

- die *Prozesse* der maschinischen Produktion,
- die *Strukturen* der gesellschaftlichen Segmentarität,
- die vorherrschenden ökonomischen semiotischen *Systeme.*

Ausgehend von diesem Minimalmodell – das notwendig, aber kaum ausreichend ist, da man es nie mit einfachen Komponenten zu tun hat, sondern mit Komponentenbündeln, die ihrerseits nach eigenen Prioritätsachsen strukturiert sind – untersuchen wir nun die seltsame »generative Chemie« der Agencements der ökonomischen Wertschöpfung, die aus einer möglichen Kombination der Prioritäten zwischen diesen Grundkomponenten hervorgeht.

---

9 Beispiel für die Ergänzung:
– die Tatsache, dass der Protokapitalismus des 15. und 16. Jahrhunderts wenn auch vom Handel und vom Finanzwesen beherrscht, unter bestimmten Umständen industriell geworden ist; siehe das Wiedererstarken von Antwerpen durch die Industrialisierung, beschrieben von Fernand Braudel, *Sozialgeschichte des 15.-18. Jahrhunderts*, Bd. III, »Aufbruch zur Weltwirtschaft«, übers. von Siglinde Summerer und Gerda Kurz, München 1986, S. 161.
– die Tatsache, dass eine Marktwirtschaft, wie immer es um ihren scheinbaren »Liberalismus« bestellt sein mag, stets eine bestimmte Dosis an staatlicher Intervention oder »zentralisierter« Planung mit sich gebracht hat (Beispiel: Stalins Planwirtschaft) und immer ein Minimum an Marktwirtschaft geschützt hat, sei es innerhalb ihrer Einflusssphäre, sei es in ihrer Beziehung zum Weltmarkt.

In der folgenden Tabelle der Agencements kapitalistischer Wertschöpfung zeigt sich:

1.) dass die Strukturen der gesellschaftlichen Segmentarität ausschließlich aus dem Blickwinkel der ökonomischen Problematik des *Staates* betrachtet werden (Analyse der Folgen einer zentralen Verwaltung eines großen Teils der ökonomischen Ströme, die in der volkswirtschaftlichen Gesamtrechnung zu sehen sind, für die Stratifizierung von segmentären Beziehungen);
2.) dass die Systeme der ökonomischen Semiotisierung nur aus dem Blickwinkel der Problematik des *Marktes* betrachtet werden (im weiten, zuvor angesprochenen Sinne der Märkte von Gütern, Menschen, Ideen, Phantasmen...);
3.) dass die produktiven Prozesse nicht weiter spezifiziert werden.

Das Ziel dieser Tabelle, das sei unterstrichen, ist keinesfalls, eine allgemeine Typologie der geschichtlichen Formen des Kapitalismus zu präsentieren, sondern nur zu zeigen, dass der Kapitalismus sich nicht durch eine einzige Formel identifizieren lässt (zum Beispiel die der Marktwirtschaft). Man könnte sie komplexer machen und verfeinern, indem man die inneren Komponenten der einzelnen Bündel einbezieht, deren Abgrenzung durchaus nicht undurchlässig ist. (Es gibt die »maschinische Produktion« inmitten der semiotischen Räderwerke des Marktes und innerhalb des Staates, zum Beispiel in den Gemeinschaftseinrichtungen und in den Medien; es gibt die »Staatsmacht« im Inneren der liberalsten ökonomischen Syntaxen; außerdem hören diese letzteren nicht auf, eine entscheidende Rolle im Inneren der produktiven Sphären zu spielen...) Dieses Schema wird hier allein deshalb vorgeschlagen, um den Versuch zu machen, bestimmte Korrelationen zwischen scheinbar weit auseinanderliegenden Systemen hervorzuheben, die sich jedoch in ein und dieselbe Richtung (oder Gegenrichtung) der Geschichte einschreiben.

Die sechs Formeln für Agencements der kapitalistischen Wertschöpfung

(Die Prioritäten zwischen den Komponenten werden durch Pfeile dargestellt.)

Ordnung der Prioritäten	Beispiele
a) Staat → Produktion → Markt	Asiatische Produktionsweise[1] Kriegswirtschaft der Nazis
b) Markt → Produktion → Staat	Früher Handelskapitalismus Weltwirtschaften (zentriert auf ein Netz von Städten)[2]
c) Markt → Staat → Produktion	Liberaler Kapitalismus
d) Produktion → Staat → Markt	Koloniale Monopolwirtschaft
e) Produktion → Markt → Staat	Integrierter weltweiter Kapitalismus (IWK)
f) Staat → Markt → Produktion	Staatskapitalismus (wie in der UdSSR)

1 Beispiel: China im 3. und 2. Jahrhundert vor Christus. Siehe *Sur le mode de production asiatique*, Vorwort von Roger Garaudy, Paris 1969.

2 Beispiele: Venedig, Antwerpen, Genua, Amsterdam zwischen dem 13. und 17. Jahrhundert nach Christus.

In allgemeiner Weise:

1.) vom Primat der produktiven Komponenten hängt das Vermögen der betrachteten Agencements ab, große geschichtliche Umwälzungen auf sich zu nehmen, oder ihre Fähigkeit, »Prozesse, die fern von geschichtlichen Gleichgewichten sind«, zu steuern;

2.) vom Primat der Komponenten der gesellschaftlichen Segmentarität (Axiome der Stratifizierung von Clans, Ethnien, Religionen, Städte, Kasten, Klassen usw.) hängt ihr Grad des Widerstands gegen Veränderungen ab;

3.) vom mehr oder weniger innovativen Charakter ihrer Wertschöpfungssemiotiken (der Tatsache, dass diese in der Lage oder nicht in der Lage sind, sich anzupassen, sich durch neue Verfahren zu bereichern: ihrem Grad der »Diagrammatizität«) hängt ihr Integrationsvermögen ab, also ihre Fähigkeit, nicht nur das Wirtschaftsleben »zu kolonisieren«, sondern auch das soziale Leben, das libidinöse Leben – mit anderen Worten, ihre Möglichkeit, den Sozius umzuwandeln, ihn dem maschinischen Phylum zu unterwerfen.

Die Tatsache, dass die »Richtung der Geschichte« hier auf das Entwicklungsphylum der Produktion bezogen wird, hat nicht zwangsläufig zur Folge, dass diese Geschichte auch auf transzendente Ziele hinausläuft. Die Existenz einer »maschinischen Richtung« der Geschichte hindert diese keineswegs daran, »in alle Richtungen aufzubrechen«. Das *maschinische Phylum* hat seinen Sitz im *geschichtlichen Rhizom* des Kapitalismus und gibt ihm eine Richtung, ohne jemals sein Schicksal zu beherrschen, das sich weiterhin gleichermaßen aus der gesellschaftlichen Segmentarität und der Entwicklung der ökonomischen Wertschöpfungsweisen ergibt.

Betrachten wir diese unterschiedlichen Prioritätsformeln näher:

I. Die Prioritäten des Marktes

– Die Priorität b, die die Relevanz des Staates an die dritte Stelle setzt, wie im Fall des *frühen Handelskapitalismus* vom 13. bis 17. Jahrhundert, kann durch die Tatsache veranschaulicht werden, dass die Staatsangelegenheiten im 17. Jahrhundert derartig hinter die Handelsinteressen der Kaufleute aus den Vereinigten Niederlanden zurücktreten mussten, dass niemand sich darüber aufregte, dass sie ihre portugiesischen oder französischen Feinde mit Waffen versorgten.[10] Diese Priorisierung verknüpft ein spezifisches Problem mit der Erweiterung und Konsolidierung des Kapitalismus in der gesamten Gesellschaft durch eine Art von barockem Aufblühen aller produktiven, kulturellen und institutionellen Sphären.

Das Phänomen des Kredits – durch den Handel mit Wechseln, der im internationalen Handel Wurzeln schlug – war gewissermaßen der »Kuppler« dieses Aufblühens. Dabei ist zu beachten, dass das mittelalterliche Recht vergeblich versucht hat, die freie Zirkulation von Wertpapieren einzuschränken, da diese Praxis auf Ablehnung seitens der Behörden stieß, die das Wechselgeschäft stabilisieren und die Geldzirkulation kontrollieren wollten. Das ist die Geschichte des »Indossierungs-Kriegs«, der von diesen Bankiers-Händlern erklärt wurde, die das, was bereits für Schuldscheine (Bargeld) erlaubt war, auf den Wechsel (Buchgeld) erweiterten: *das Übertragungsrecht* (die Schuldscheine zirkulierten in

---

10 Siehe Braudel, *Sozialgeschichte*, III, S. 221ff.

der Tat durch schlichte Übergabe, während die Wechsel, rechtlich gesehen, nicht übertragbar waren). Die Antwort ließ nicht auf sich warten und war nicht weniger deutlich bzw. entscheidend: In Venedig wurde zum Beispiel den Buchhaltern der Banco del Giro durch ein Dekret vom 6. Juli 1652 untersagt, Umbuchungen vorzunehmen, um ihre indossierten Wechsel zu bezahlen. Diese Tatsache wäre nebensächlich, wenn sie nicht symptomatisch für die Rückständigkeit und Unfähigkeit der staatsähnlichen Strukturen wäre, die kapitalistischen Geldströme zu kontrollieren. Noch im Jahre 1766 schrieb Accarias de Serionne: »Laß zehn oder zwölf Amsterdamer Großkaufleute der obersten Kategorie sich zu einer Bank-[sprich Kredit-]Operation zusammenschließen, so können sie von einem Augenblick auf den anderen über 200 Millionen Gulden in dem dem Bargeld vorgezogenen Papiergeld in ganz Europa in Umlauf setzen. So etwas vermöchte kein einzelner Souverän. [...] Dieser Kredit ist eine Macht, die zehn oder zwölf Großkaufleute in allen Staaten Europas absolut unabhängig von jedweder Autorität ausüben.«[11]

– Die Priorität c, die die Relevanz der Produktion an die dritte Stelle setzt, wie im Fall des *»wilden« Liberalismus des Kapitalismus im 19. Jahrhundert*, verknüpft ein spezifisches geschichtliches Problem mit der Konstitution der modernen Territorialstaaten. Paradoxerweise hat sich der Liberalismus immer mehr um die Konstitution eines Staatsapparates als um den allgemeinen Aufschwung der Produktion gekümmert.

11 Ebd., S. 267. Braudel fügt großmütig hinzu: »Auch unsere heutigen Multis haben also, wie man sieht, Vorfahren gehabt.«

Wenn man den Analysen von Habermas folgt, dass es »Ideologie überhaupt erst seit dieser Zeit gibt«,[12] versteht man besser, dass das Saysche Gesetz (die Theorie des allgemeinen Gleichgewichts), weit davon entfernt, das Bollwerk des Freihandels zu krönen, eher seinen *juridischen* Unterbau darstellt; es »wirft das Messer ins Meer« und lässt das *corpus delicti* in der Arbeit seiner Fiktion verschwinden. *Jurisdictio* einer algebraischen, linearen und exklusiven Repräsentation: Man kombiniere also die Überausbeutung des produktiven Potenzials, die allgemeine Mobilisierung der Arbeitskraft, die Erhöhung der Zirkulationsgeschwindigkeit der Waren, der Menschen und des Kapitals, und man wird ein automatisches Gleichgewicht von Angebot und Nachfrage erlangen und so die Selbstregulierung des ganzen Systems bestätigen... Aber »nur unter der Voraussetzung, dass keine außerökonomische Instanz in den Tauschverkehr eingreift«.[13] Man sieht, dass es eine einzigartige geschichtliche Konstellation geben musste, damit sich der liberale Traum von einer Gesellschaft herausbilden konnte, die frei von jeder Intervention irgendeiner außerökonomischen Macht ist! Denn das Gleichgewicht des freien Wettbewerbs ist in etwa Folgendes: wirtschaftliche Macht minus politische Macht. Ohne die Affirmation (des Realen) dieser Unterscheidung hätte die Formel von Hobbes bekanntlich niemals

---

12 Jürgen Habermas, *Strukturwandel der Öffentlichkeit*, Frankfurt a. M. 1990, S. 160.

13 Ebd., S. 148. Michel Aglietta vergleicht die klassische (und neoklassische) Wirtschaftstheorie zu Recht mit einer theoretischen Konstruktion, »die rein der Welt der Ideen innewohnt und die um so strenger ist, je mehr sie von jeglicher Realität abgeschnitten ist.« Das sei das Schicksal der Theorie des allgemeinen Gleichgewichts, wenn »das Ziel der Theorie darin besteht, das Wesentliche zum Ausdruck zu bringen, indem man es jeglicher Kontingenz beraubt; die Institutionen, die gesellschaftlichen Interaktionen, die Konflikte [...] sind Schlacke, von der man sich befreien muss, um das wirtschaftliche Verhalten im Reinzustand zu finden.« Michel Aglietta, *Régulation et crise du capitalisme*, Paris 1976, S. 12.

zu dieser genauen Umkehrung geführt – *veritas non auctoritas facit legem*. Die Wahrheit einer Wirtschaftsmacht (England), die durch ihr industrielles Potential die Handelskreisläufe ausreichend beherrscht, um mit Gewinn auf die Zurückstellung der politischen Aspekte des nationalen Reichtums in den Hintergrund setzen konnte. Und immer noch... (Die Außerkraftsetzung des englischen Gesetzes, das die Getreideimporte begrenzt, stammt letzten Endes erst aus der zweiten Hälfte des 19. Jahrhunderts.) Das Wesen des Liberalismus liegt in der Tat in der umgekehrten Bewegung und ist untrennbar von dieser Äquivalenz des Inhalts, die die Utopie der Abwesenheit von außerökonomischer Macht in eine Affirmation der wirtschaftlichen Übermacht übersetzt: Die *vertitas* wird nur zur *ratio* (das Postulat der Homogenität und das allgemeine Gleichgewicht beziehen ihre Legitimität fortan aus einer »natürlichen« Ordnung, die sie manifestieren), wenn sie in eine wesentliche Beziehung zu einer konstanten Rationalisierung der Herrschaft tritt. Was viel prosaischer auf die Aussage hinausläuft, der Staat »sei immer so stark gewesen, wie die politische und soziale Situation im bürgerlichen Interesse es erforderte«.[14] Eine kaum korrigierte Übersetzung der berühmten Sentenz von Hobbes: *Wealth is power and power is wealth*...

Die Existenz eines großen Marktes beinhaltet eine zentrale Regulierung, die (so geringfügig sie auch sein mag) für ihn absolut notwendig ist. Die »Fernsteuerung« der Produktion ausgehend von einem sich ausweitenden Markt ist komplementär zu Interventionen und Schlichtungsverfahren der Territorialstaaten, ohne die das System an seine eigenen Grenzen stoßen würde.

---

14 Franz Neumann, »Der Funktionswandel des Gesetzes im Recht der bürgerlichen Gesellschaft«, zitiert bei Habermas, *Strukturwandel der Öffentlichkeit*, S. 229.

Es würde sich insbesondere als unfähig erweisen, Grundausstattungen (Infrastrukturen, öffentliche Dienste, Gemeinschaftseinrichtungen, militärische Einrichtungen usw.) hervorzubringen.

II. Die Prioritäten des Staates

– Die Priorität a, die die Relevanz des Marktes an die dritte Stelle setzt, wie im Fall der *asiatischen Produktionsweise* oder der *Kriegswirtschaft der Nazis* (Zwangsarbeit, relativ sekundäre Rolle der Geldwirtschaft, Inkarnation der Allmacht des Staates in einem Pharao oder *Führer* usw.), verknüpft spezifische geschichtliche Probleme:

1.) mit der Verwaltung der Kapitalakkumulation. Der Mehrwert muss sich in erster Linie bei der Staatsmacht und ihrer Militärmaschine akkumulieren; das Wachstum der wirtschaftlichen und gesellschaftlichen Macht verschiedener aristokratischer Schichten muss begrenzt werden, weil es letztendlich die Kaste bedroht, die an der Macht ist; es führt zur Bildung von gesellschaftlichen Klassen. Im Fall der »asiatischen« Reiche kann diese Regulierung durch eine Drosselung der Produktion,[15] durch massive Opfergaben, prunkvolle Bauwerke, Luxuskonsum usw. bewirkt werden, im Fall der Naziregime durch innere Vernichtungen und den totalen Krieg;

2.) mit Formen des maschinischen Eindringens von außen, insbesondere mit Innovationen im Bereich der Militärtechniken, die die Staaten sich aufgrund ihres Konservatismus und ihrer Schwierigkeit, kreative Initiativen zuzulassen, nicht rechtzeitig aneignen

15 Étienne Balazs, *La Bureaucratie céleste*, Paris 1968.

können. (Bestimmte asiatische Reiche wurden innerhalb von wenigen Jahren durch nomadische Kriegsmaschinen vernichtet, die eine militärische Innovation mit sich brachten.)

– Die Priorität f, die die Relevanz der Produktion an die dritte Stelle setzt, wie im Fall der *Staatskapitalismen sowjetischer Art* (stalinistische Planwirtschaft usw.), deren Affinitäten zur asiatischen Produktionsweise oft hervorgehoben wurden. Das chinesische Modell, also zumindest das der maoistischen Periode, ähnelt aufgrund seiner Methoden der massiven Indienstnahme der kollektiven Arbeitskraft, vielleicht eher der Formel a als der Formel f. Es verknüpft ein spezifisches geschichtliches Problem mit der Frage der Instrumente für die ökonomische Semiotisierung und insbesondere mit der Einrichtung von Märkten nicht nur für ökonomische Werte, sondern auch für Werte des Prestiges, der Innovation und des Begehrens. Bei dieser Art von System entspricht die Deregulierung von Marktsystemen, die mit einer Hyperstratifizierung der sozialen Segmentarität verbunden ist, einer autoritären Verwaltung, die nur in dem Maße fortbestehen kann, in dem ihre Einflusssphäre nicht allzu sehr äußeren Einflüssen und der Konkurrenz anderer Zweige des produktiven maschinischen Phylums ausgesetzt ist. So ist schließlich das System des Gulags nur haltbar, solange die Sowjetwirtschaft fortfährt, die innovativen Agencements in den fortgeschrittenen technologischen, wissenschaftlichen und kulturellen Bereichen teilweise einzufrieren. Diese Problematik setzt sich in Forderungen fort, die mit einer Demokratisierung des sozial-semiotischen Verwaltungsapparates des Systems zusammenhängen (Beispiel: die Kämpfe der polnischen Arbeiter um die »Selbstverwaltung«).

– Die Priorität d, die die Relevanz des Marktes an die dritte Stelle setzt, wie im Fall der *klassischen imperialistischen Ausbeutung*, bildet eine Akkumulation, die mit den großen kapitalistischen Entitäten zusammenhängt, welche keine besondere maschinische Unterstützung haben und sich nicht um die Auswirkungen der Desorganisation auf den kolonisierten Sozius kümmern. Der Handelsmonopolismus an der Peripherie führt dazu, die Tendenzen des Monopolkapitalismus im Inneren der Metropolen zu begünstigen und die Staatsmacht zu stärken. Er verknüpft eine spezifische geschichtliche Frage mit der Wiederherstellung des verwüsteten Sozius der Kolonien, einschließlich der Schaffung von Staaten in den künstlichsten Formen.

– Die Priorität e, die die Relevanz des Staates an die dritte Stelle setzt, wie im Fall des *integrierten weltweiten Kapitalismus* (IWK), entsteht »oberhalb« und »unterhalb« der kapitalistischen segmentären Beziehungen (das heißt auf einer zugleich globalen und molekularen Ebene) und ausgehend von semiotischen Mitteln der Bewertung und der Wertschöpfung des Kapitals, die aufgrund ihrer wachsenden Fähigkeit zur maschinischen Integration sämtlicher menschlicher Aktivitäten und Fähigkeiten völlig neu sind.

Im Prinzip »wird die ganze Gesellschaft produktiv: die Produktionszeit ist die Lebenszeit«.[16] Doch wenn wir stark vereinfachen, können wir sagen, dass dieser maximale Zugriff des Kapitals auf den Sozius nur durch die Verbindung der maschinischen Integration und der gesellschaftlichen Reproduktion zustande

16 Antonio Negri, *Macchina tempo*, Mailand 1982, S. 271.

kommt – wobei letztere übrigens das Resultat einer komplexen und konservierenden maschinischen Reterritorialisierung, wenn nicht der genauen Terme der gesellschaftlichen Segmentarität, so zumindest doch ihrer wesentlichen Axiome ist: hierarchische, rassifizierte, vergeschlechtlichte usw. Wir sprechen hier von sozial-maschinischem Kapital, und das bringt uns dazu, den Aufschwung des neoliberalen Denkens, der mit dem Eindringen der Informationstheorie in die ökonomische Sphäre begann, sehr ernst zu nehmen. Wenn die Information behauptet, an die erste Stelle der Gesellschaftsmaschine zu gehören, wird nämlich deutlich, dass sie nicht mehr nur mit der einfachen Organisation der Zirkulationssphäre verbunden ist und auf ihre Weise zum Produktionsfaktor wird. Information als Produktionsfaktor... das ist die letzte Formel der Decodierung des Sozius durch die Herausbildung eines kybernetischen Kapitals. Das ist nicht mehr das Zeitalter des transzendentalen Schematismus à la Keynes (Gründung eines neuen Raums und einer neuen Zeit der Produktion, ausgehend von einer Besetzung der staatlichen Vermittlung als Funktion der Suche nach dem Gleichgewicht); die Zirkulation wird nicht mehr nur ein Vektor der gesellschaftlichen Anerkennung der Mehrwerte von Macht sein: Sie wird unmittelbar zur Produktion-Reterritorialisierung-Kapitalisierung von maschinischen Mehrwerten, indem sie die Form einer Fernsteuerung der Kontrolle über die segmentarisierte Reproduktion des Sozius annimmt. Das Kapital scheint von da an mit »einer Totalität ohne Ursprung, ohne Widersprüche und ohne Prozesse« zu operieren; »eine Analytik der Totalität, in der Totalität die Voraussetzung ist«,[17] die selbst untrennbar von einem totalitären Diskurs ist, der seinen Ausdruck

17 Ebd., S. 278.

im Zynismus der »neuen Ökonomie« findet. Man muss sogar sagen, dass die neoliberale Theorie keinen Inhalt hat, abgesehen von diesem Zynismus, der dem Willen entspricht, für die Produktion zu produzieren, womit letztlich eine vollkommen klassische Auffassung bekräftigt wird. (Hierzu gehört auch die unglaubliche Erhöhung der amerikanischen Ausgaben für die militärische Forschung.) Daher eine Neustrukturierung des produktiven Raumes (der nicht mehr in punktueller Weise betrachtet wird) in Abhängigkeit von den Notwendigkeiten der Integration von neuen planetarischen »Gegebenheiten«: die permanente Neustrukturierung ist zur Regel des kapitalistischen Prozesses selbst geworden, und die Krise zur Form der Zirkulation selbst. »Die Neustrukturierung ist keine vorübergehende Phase, sondern eine Operation, die zu jeder Zeit, in allen Momenten des gesellschaftlichen Prozesses vorgenommen werden muss.«[18] Nur die Krise ermöglicht eine vollständige integrative Fusion von Produktion und Zirkulation, von Produktion und Information, Produktion und Resegmentarisierung des Sozius, wobei es ihr ebenso gelingt, den »Expansionswillen« eines entgrenzten Kapitals in die Tat umzusetzen, das in seinen Synergien höchste Flüssigkeit erlangt hat.

Diese »Flüssigkeit« kann auf einer doppelten Ebene belegt werden:

1.) die Ebene der mobilen Fabrik. Auf dem Umweg über die Zirkulation werden jene »Pseudowaren« realisiert, die nur noch indirekt Produkte der Arbeit sind. (Die gesellschaftlichen Bedingungen der Produktion werden von der Organisation der Information beherrscht; der Arbeitsprozess ist nur noch ein einfaches Element des Wertschöpfungsprozesses.) Wie Jean-Paul de

18 Ebd., S. 275.

Gaudemar sehr gut zeigt, »tendiert daher jede produktive Einheit dahin, als Knoten eines flüssigen Netzes zu erscheinen, also als Knoten von zeitweiligen Verbindungen oder Unterbrechungen von Strömen, der allerdings nur in Bezug auf seine Zugehörigkeit zu diesem Netz analysiert werden kann«.[19] Die Verwaltung des produktiven Raumes geschieht durch die Gewährleistung seiner optimalen Flüssigkeit (wobei die prekäre Arbeit gewiss Bestandteil dieser letzten Bestimmung ist);
2.) die Ebene, die vom Territorialstaat zum »mobilen« Staat (in der liberalen Terminologie besser bekannt unter dem Namen »Minimalstaat«...) führt. Der Staat ist nicht mehr Erfinder und Verteidiger eines ursprünglich nationalen Raumes der Wertschöpfung, sondern Produzent einer erweiterten Partizipation am transnationalen Raum der Wertschöpfung, gewissermaßen ein Übergang von der Vertragsmechanik zur Thermodynamik der Wiederherstellung des Gleichgewichts »fern vom Gleichgewicht«...

Die geschichtliche Frage, die spezifisch für den IWK ist, betrifft die potentiellen Grenzen seines Integrationsvermögens. Es ist nämlich nicht selbstverständlich, dass es ihm endlos gelingt, innovativ zu sein und die Techniken und Subjektivitäten zu vereinnahmen. Es ist hier erneut geboten zu unterstreichen, dass der IWK keine sich selbst genügende Entität ist. Auch wenn er sich heute als »höchstes Stadium des Kapitalismus« präsentiert, ist er letzten Endes nur eine kapitalistische Formel unter anderen. Er findet sich übrigens mit dem Überleben weiter Bereiche archaischer Ökonomie ab: er lebt in einer Symbiose mit liberalen und kolonialen Wirtschaftssystemen klassischer Art, er koexistiert

---

19 Jean-Paul de Gaudemar, »Naissance de l'usine mobile«, in *Usine et Ouvrier, figure du nouvel ordre productif*, Paris 1980, S. 24.

mit Wirtschaftssystemen stalinistischer Art... Relativ fortschrittlich im Bereich der techno-wissenschaftlichen Mutationen, ist er im gesellschaftlichen Bereich zutiefst konservativ (nicht aus ideologischen, sondern aus funktionalen Gründen). So darf man sich zu Recht fragen, ob man es hier nicht mit einem seiner unüberwindlichen Widersprüche zu tun hat. Die Fähigkeiten zur Anpassung und Umstellung von ökomonischen Äußerungs-Agencements des IWK finden ihre Grenze vielleicht in der Erneuerung der Widerstandsfähigkeit aller gesellschaftlichen Schichten, die seine »eindimensionalen« Zielsetzungen ablehnen. Die inneren Bedingungen des IWK sind sicherlich nicht so beschaffen, dass er unvermeidlich an ihnen zugrunde gehen muss, aber seine Krankheit ist vielleicht nicht weniger tödlich: Sie ergibt sich aus der Häufung aller lateralen Krisen, die er auslöst. Das Reproduktionsvermögen des IWK scheint unerbittlich zu sein, aber es verletzt so viele Lebensweisen und soziale Wertschöpfungen, dass es keineswegs absurd erscheint, darauf zu hoffen, dass die Entwicklung von neuen kollektiven Antworten – von neuen Agencements der Äußerung, der Bewertung und der Handlung –, die von den unterschiedlichsten Horizonten kommen, schließlich dahin führt, ihn abzusetzen (das Auftauchen von neuen, in der Bevölkerung verbreiteten Kriegsmaschinen vom Typus El Salvador; die Kämpfe um die Selbstverwaltung in den östlichen Ländern; die Kämpfe um die Selbstwertschöpfung der Arbeit im italienischen Stil; die Mannigfaltigkeit von Vektoren der molekularen Revolution in allen Bereichen der Gesellschaft). Unserer Meinung nach kann nur mit solchen Hypothesen die Neudefinition der Ziele der revolutionären Umgestaltung der Gesellschaft ins Auge gefasst werden.

Die Wiederaneignung der Stadt

Henning Schmidgen

Dass Kultur nicht einfach von Natur getrennt werden kann, ist keine Einsicht, die der neueren Soziologie oder Anthropologie zu verdanken wäre. In jüngster Zeit hat Bruno Latour viel Aufmerksamkeit für sein Vorhaben erhalten, eine »symmetrische Anthropologie« zu entwickeln. Der Anspruch dieses Unterfangens besteht bekanntlich darin, menschliche und nicht-menschliche Akteure in soziologischer, wenn nicht gar ontologischer Hinsicht als gleichberechtigt zu betrachten – unabhängig davon, ob es sich bei den nicht-menschlichen Akteuren nun um technische Dinge wie etwa automatische Türöffner oder um biologische Objekte wie zum Beispiel Krankheitserreger handelt.[1]

Die Popularität von Latour verstellt den Blick dafür, dass es in den 1980er Jahren einen ähnlich gelagerten, aber vielleicht besser begründeten Vorschlag gegeben hat, Soziologie, Technologie und Ökologie in ihren »transversalen« Verknüpfungen zu betrachten. Félix Guattari stellte 1989 in seinem Manifest über *Die drei Ökologien* programmatisch fest: »Immer weniger kann die Natur von der Kultur getrennt werden.«[2] Im gleichen Atemzug machte Guattari den plakativen Vorschlag, den massiven Algenbefall in der Lagune von Venedig mit der Übersättigung von TV-Bildschirmen durch eine »verkommene Sammlung von Bildern und Darlegungen« zu vergleichen.

---

1 Bruno Latour, *Wir sind nie modern gewesen. Versuch einer symmetrischen Anthropologie*, übers. von Gustav Roßler, Frankfurt a. M. 2008.

2 Félix Guattari, *Die drei Ökologien*, übers. von Alec A. Schaerer, Wien 1994, S. 35.

Das mag heute vergleichsweise simpel klingen, entpuppt sich durch einen weiteren Vergleich allerdings als enorm hellsichtige Strategie. Denn Guattari fährt fort: »Eine andere Art von Algen, diesmal in die Zuständigkeit der sozialen Ökologie fallend, besteht aus der Wucherungsfreiheit, welche Leuten wie Donald Trump gewährt wird, der sich ganzer Quartiere von New York und Atlantic City usw. bemächtigt, um sie durch Mieterhöhung ›instand zu setzen‹ und bei dieser Gelegenheit zehntausende von minderbemittelten Familien zu vertreiben, die mehrheitlich dazu verdammt sind, ›homeless‹ zu werden, was etwa den toten Fischen in der Umwelt-Ökologie entspricht.«[3]

Knapp dreißig Jahre nachdem diese Zeilen geschrieben wurden, zeigt die Präsidentschaft von Trump die enormen Dimensionen, die dieses sozio-ökologische Problem mittlerweile angenommen hat. Unter dem Slogan »America First« wird ein ganzes Land zum Gegenstand einer zynischen Politik der Instandsetzung, die zu einer kaum überschaubaren Anzahl von ökologisch wie ökonomisch heimatlosen Akteuren führt.

Die Beiträge im vorliegenden Band verdeutlichen, dass der Blick, den der späte Guattari auf Kultur *und* Natur gerichtet hat, nicht das Ergebnis einer Auseinandersetzung mit explizit ökologischen Philosophen wie etwa Arne Næss oder François Terrasson ist. Anders als bei Latour ist diese stereoskopische Betrachtung auch nicht Ausdruck einer faszinierten Fixierung auf die Gaia-Hypothese, derzufolge die Erde als lebendes System zu betrachten ist. Selbst die populäre Ikonographie des blauen Pla-

---

3 Ebd., S. 36.

neten wird an keiner Stelle aufgerufen – von Begriffen wie Anthropozän oder Anthropozoikum ganz zu schweigen.[4]

Die hier versammelten Schriften Guattaris stammen aus den späten 1970er und frühen 1980er Jahren. Wenn in ihnen die Perspektive des »Planetarischen« eingenommen wird, stehen zeitgenössische Diskurse zwar durchaus Pate,[5] begründet und verankert ist diese Perspektive allerdings in einem anderen, zugleich traditionelleren und aktuelleren Kontext. Es sind das kontinuierliche Engagement für eine marxistisch fundierte Politik und die ebenso langfristige wie detaillierte Beschäftigung mit den Schriften von Marx, die bei Guattari zur Entwicklung eines »Plans für den Planeten« führen. Anders gesagt, sein Nachdenken über die soziale *Ökologie* verweist auf eine intensive Auseinandersetzung mit der politischen *Ökonomie*.

Nun ist bekannt, dass Marx weder vom Planeten noch von Ökologie spricht. Allerdings ist bei ihm durchaus die Rede von »Welt« und »Weltmarkt«, vom »Grund und Boden«, zu dem sich das Gemeinwesen verhält, und von der »Erde« als dem »unorganischen Leib« einer Gesellschaft.[6] Auch der komplexe Metabolismus zwischen Mensch und Natur wird von ihm ausführlich thematisiert. Konkret orientiert an der organischen Chemie seiner

---

4 Bruno Latour, *Kampf um Gaia. Acht Vorträge über das neue Klimaregime*, übers. von Achim Russer und Bernd Schwibs, Berlin 2017. Die Rede vom »Anthropozoikum« wurde im späten 19. Jahrhundert durch den italienischen Geologen Antonio Stoppani begründet.

5 Siehe etwa Pierre Teilhard de Chardin, *Der Mensch im Kosmos*, übers. von Othon Marbach, München 1965, die von Edgar Morin betreute Sektion »L'ère planétaire« in *Arguments* 3/16 (1959): 29-48, sowie Kostas Axelos, *Vers la pensée planétaire*, Paris 1964. Zur Geschichte des planetarischen Denkens im deutschsprachigen Raum siehe Michael Auer, *Wege zu einer planetarischen Linientreue? Meridiane zwischen Jünger, Schmitt, Heidegger und Celan*, München 2013.

6 Karl Marx, *Grundrisse der Kritik der politischen Ökonomie*, 2. Aufl., Berlin 1974, S. 392.

Zeit stellt »Arbeit« in den Augen von Marx eben jenen Prozess dar, »in dem der Mensch seinen Stoffwechsel mit der Natur durch seine eigene Tat vermittelt, regelt und kontrolliert«.[7]

Die enge Verschränkung von Natur und Gesellschaft, die an dieser Stelle deutlich wird, findet sich beim frühen Guattari wieder. Tatsächlich heißt es schon auf den ersten Seiten des mit Deleuze verfassten *Anti-Ödipus*: »Das menschliche Wesen der Natur und das natürliche Wesen des Menschen werden in der Natur als Produktion oder Industrie, das heißt gleichermaßen im Gattungsleben der Menschen, identisch.«[8]

Stellt man diese Annäherung von Natur und Industrie in Rechnung, dann wirkt Latours Projekt einer symmetrischen Anthropologie wie ein schwaches Echo einer eigentlich an Marx orientierten Programmatik. In der Tat heißt es schon in den Pariser Manuskripten: »Der Mensch *lebt* von der Natur, heißt: Die Natur ist sein *Leib*, mit dem er in beständigem Prozeß bleiben muß, um nicht zu sterben. [....] Das produktive Leben ist [...] das Gattungsleben. Es ist das Leben erzeugende Leben.«[9]

Nun ist es angesichts der anhaltenden Krise des Kapitalismus einigermaßen erstaunlich, dass in der Auseinandersetzung mit Deleuze und Guattari die Verbindung zu Marx bisher nicht deut-

---

7 Karl Marx, *Das Kapital. Kritik der politischen Ökonomie. Erster Band, Buch I: Der Produktionsprozess des Kapitals*, Berlin 1979 (=MEW; 23), S. 192. Zu den ökologischen Aspekten im Werk von Marx und seinen Bezugnahmen auf Liebig siehe John Bellamy Foster, *Die ökologische Revolution. Frieden zwischen Mensch und Natur,* übers. von Klaus E. Lehmann, Hamburg 2014, sowie Kohei Saito, *Natur gegen Kapital. Marx' Ökologie in seiner unvollendeten Kritik des Kapitalismus*, Frankfurt a. M. 2016.

8 Gilles Deleuze und Félix Guattari, *Anti-Ödipus. Kapitalismus und Schizophrenie*, übers. von Bernd Schwibs, Frankfurt a. M. 1974, S. 10.

9 Karl Marx, »Ökonomisch-philosophische Manuskripte aus dem Jahr 1844«, in *Karl Marx/Friedrich Engels Werke, Bd. 40*, 3. Aufl., Berlin 2012 (=MEW; 40), S. 465-588, hier S. 516.

licher hervorgetreten ist. An Indizien für diese Verbindung fehlt es nämlich nicht. Sowohl *Anti-Ödipus* wie auch *Tausend Plateaus* sind von Marx-Zitaten geradezu durchsetzt. Zudem enthalten die Gespräche mit Deleuze und Guattari eine Reihe entsprechender Äußerungen. So erklärte der späte Deleuze: »Ich glaube, dass Félix Guattari und ich Marxisten geblieben sind, alle beide, wenn auch vielleicht in verschiedener Weise.«[10]

Guattari hatte schon einige Jahre zuvor gesagt: »Ich habe die Vorstellung noch nie ernst genommen, man habe den Marxismus hinter sich gelassen und sei dabei, in eine neue politische Ära einzutreten.«[11] Gleichsam im Gegenzug hatte Guattari auch keine Einwände, als 1990 sein gemeinsam mit Antonio Negri verfasstes Buch (über *Die neuen Räume der Freiheit*) in der US-amerikanischen Ausgabe mit dem Titel *Communists like us* erschien.[12]

Dennoch hat sich zumindest der akademische Diskurs in der Folgezeit lieber den Affekten und Intensitäten sowie den Netzwerken und Rhizomen zugewandt, von denen Guattari und Deleuze zwar *auch* sprechen, die aber – für sich genommen – eher an den »neuen Geist des Kapitalismus« erinnern als zu Marx zu führen.[13]

Erst in jüngerer Zeit mehren sich die Anzeichen für eine Abkehr von diesem Rezeptionsmuster. Angeregt durch die Tatsa-

---

10 Gilles Deleuze, »Kontrolle und Werden«, in ders., *Unterhandlungen 1972-1990*, übers. von Gustav Roßler, Frankfurt a. M. 1993, S. 243-253, hier S. 246.

11 Im vorliegenden Band S. 79.

12 Félix Guattari und Antonio Negri, *Communists like us. New spaces of liberty, new lines of alliance*, übers. von Michael Ryan, New York 1990. Die deutsche Ausgabe dieses Bandes erschien unter dem Titel *Neue Räume der Freiheit*, übers. von Alan Roth, Wien 2015.

13 Luc Boltanski und Ève Chiapello, *Der neue Geist des Kapitalismus*, übers. von Michael Tillmann, Konstanz 2003.

che, dass das letzte Buch von Deleuze *La grandeur de Marx* heißen sollte, hat Nicholas Thoburn zum Beispiel an die politischen Dimensionen der Philosophie von Deleuze erinnert. Guillaume Sibertin-Blanc hat den »historisch-maschinischen Materialismus« zur Geltung gebracht, der im *Anti-Ödipus* und vor allem in *Tausend Plateaus*, in den Passagen zur Staatstheorie, entwickelt wird. Und Andrew Culp hat es in einem fulminanten Essay unternommen, den marxistischen, politisch radikalen und »dunklen« Deleuze dem Kanon der Freude, der Affirmation und der Verknüpfung zu entreißen.[14]

Diese neuen Interpretationen sind bislang auf Deleuze beschränkt. Schon ihr Spektrum macht jedoch klar, dass es deutlich zu kurz greift, die von Deleuze und Guattari geleistete Auseinandersetzung mit Marx als bloße Fortführung des Operaismus zu verstehen. Es stimmt zwar, dass Deleuze und Guattari seit den 1970er Jahren in Kontakt zu Negri standen. Ebenso ist es zutreffend, dass Guattari sich in den hier versammelten Texten auf eben jenen Abschnitt aus den *Grundrissen* bezieht, der seit Mario Tronti und Raniero Panzieri als das »Maschinenfragment« bezeichnet wird.[15]

---

14 Nicholas Thoburn, *Deleuze, Marx and Politics*, London/New York 2003, Guillaume Sibertin-Blanc, *Politique et état chez Deleuze et Guattari. Essai sur le matérialisme historico-machinique*, Paris 2013, sowie Andrew Culp, *Dark Deleuze*, übers. von Achim Szepanski, Hamburg 2017.

15 Karl Marx, »Frammento sulle macchine«, übers. von Renato Solmi, *Quaderni rossi* 4 (1964): 289-300 (= *Grundrisse*, S. 583-594). Zur Rezeptionsgeschichte im italienischen Kontext siehe Massimiliano Tomba und Riccardo Bellofiore, »Lesarten des Maschinenfragments. Perspektiven und Grenzen des operaistischen Ansatzes«, in Marcel van der Linden und Karl Heinz Roth (Hg.), *Über Marx hinaus. Arbeitsgeschichte und Arbeitsbegriff in der Konfrontation mit den globalen Arbeitsverhältnissen des 21. Jahrhunderts*, Berlin/Hamburg 2009, S. 407-432.

Zusammen mit Deleuze hat Guattari aber bereits im *Anti-Ödipus* diesen Abschnitt zitiert, den er allerdings nicht als »Maschinenfragment«, sondern – der französischen Rezeptionslage entsprechend – als »das große Kapitel von Marx über die Automation« bezeichnet.[16] In der Tat mussten weder Guattari noch Deleuze auf die Verbreitung des italienischen Operaismus warten, um sich auf den bemerkenswerten Text von Marx zu berufen. Nachdem die *Grundrisse* von 1953 an durch die Veröffentlichung im Berliner Dietz-Verlag verstärkte Verbreitung gefunden hatten, wurde der fragliche Text 1967 auch in französischer Übersetzung zugänglich.

Außerdem hatte es schon vor Panzieri und Negri eine durchaus breite Diskussion der fraglichen Passage aus den *Grundrissen* gegeben. Neben der Kybernetik in der DDR und der Sozialphilosophie in der BRD war es vor allem der US-amerikanische Zweig der Frankfurter Schule, der in den frühen 1960er Jahren die Aufmerksamkeit auf die programmatischen Ausführungen lenkte, die Marx auf den in Frage stehenden Seiten der Fabrik als »automatischem System« widmet.

Heute ist allgemein bekannt, dass Marx dort beschreibt, wie der Arbeiter in der automatisierten Fabrik neben den Produktionsprozess tritt, um dessen »Wächter und Regulator« zu werden. Nicht weniger populär ist mittlerweile der in derselben Passage enthaltene Hinweis, dass unter diesen Bedingungen

16 Karl Marx, »Conséquences sociales du machinisme automatisé«, Titel, Übersetzung und Anmerkungen von Roger Dangeville, *L'homme et la société* 3 (1967): 113-131 (= *Grundrisse*, S. 582-602), sowie Deleuze und Guattari, *Anti-Ödipus*, S. 298 (irrtümlicherweise wird in der deutschen Ausgabe dabei auf die *Grundrisse*, S. 882f, verwiesen; richtig muss es heißen – siehe oben – S. 582f).

das gesellschaftliche Wissen »zur *unmittelbaren Produktivkraft*« avanciert.[17]

Deutlich weniger bekannt ist demgegenüber der Sachverhalt, dass bereits Herbert Marcuse in *Der eindimensionale Mensch* genau diese Beobachtungen von Marx zitiert, um die Besonderheiten der Produktion in der postindustriellen Gesellschaft zu erfassen. Ähnlich wie später für Guattari (und Deleuze) ist für Marcuse eine der hervorstechenden Besonderheiten dieser Gesellschaft die Tatsache, dass »die Produktivität ›durch die Maschinen‹ bestimmt wird und nicht durch die individuelle Arbeitsleistung«. Auch das damit zusammenhängende Phänomen, dass die Messung der Arbeitsleistung tendenziell »unmöglich« wird, wird von ihm (wie später von Guattari) kritisch gewürdigt.[18]

Die Parallelen reichen weiter. Denn im Anschluss an diese Ausführungen unterscheidet Marcuse zwischen der physiologischen und biologischen Dimension des klassischen Kapitalismus, der auf einer Inanspruchnahme und Unterwerfung des arbeitenden Körpers durch die Maschine basiere, sowie der psychologischen Indienstnahme und Kontrolle von Arbeitskraft mit Hilfe von Maschinen, wie sie für die heutige Gesellschaft charakteristisch sei. Analog dazu grenzt Guattari die materiell dominierte Unterwerfung unter die Technik als *assujettissement*

---

17 Marx, *Grundrisse*, S. 592 und S. 594. Siehe dazu schon André Gorz, *Zur Strategie der Arbeiterbewegung im Neokapitalismus*, übers. von Rainer Zoll und Jürgen Schaltenbrand, Frankfurt a. M. 1968, sowie aktuell etwa Paul Mason, *Postkapitalismus. Grundrisse einer kommenden Ökonomie*, übers. von Stephan Gebauer, Berlin 2018.

18 Herbert Marcuse, *Der eindimensionale Mensch. Studien zur Ideologie der fortgeschrittenen Industriegesellschaft*, übers. von Alfred Schmidt, Neuwied/Berlin 1967, S. 48.

von der semiotisch geprägten Steuerung durch die Technik als *asservissement* ab.[19]

Vor allem aber gibt Marcuse das Stichwort vor, das auch in Guattaris Rede vom »integrierten weltweiten Kapitalismus« prominent erscheint, nämlich das der Integration, die zugleich integral, also allumfassend ist. In der Tat beschreibt *Der eindimensionale Mensch* die postindustrielle Gesellschaft unter dem allgemeinen Vorzeichen einer »Integration der Gegensätze«. Zu dieser Paralyse der Oppositionen zählt die Angleichung der Arbeiter- an die Angestelltenbevölkerung, die zunehmende Ähnlichkeit von Führungskräften in Unternehmer- und Arbeiternehmerorganisationen und die Übereinstimmung in den politischen Aktivitäten großer Konzerne und nationaler Regierungen.[20]

Integration ist aber nicht nur im Inneren der westlichen Industrieländer zu beobachten. Nach Marcuse (und Guattari) schlägt sie sich ebenfalls in internationalem Maßstab nieder, vor allem im Verhältnis von West- und Ostblock. In den Vorlesungen, die Marcuse 1974 in Vincennes gehalten hat, ist in diesem Sinne etwa von einer »globalen Umstrukturierung des Kapitalismus« die Rede. Zentrales Kennzeichen dieser Umstrukturierung ist Marcuse zufolge das Arrangement des Westens mit der Sowjet-

---

19 Ebd., S. 44. Siehe dazu den vorliegenden Band, S. 14 und 36. In der deutschen Ausgabe von *Mille plateaux* wird diese Unterscheidung auf etwas unklare Weise mit »Unterwerfung« (*assujettissement*) und »Unterjochung« (*asservissement*) wiedergegeben. Siehe Gilles Deleuze und Félix Guattari, *Tausend Plateaus. Kapitalismus und Schizophrenie II*, übers. von Gabriele Ricke und Ronald Voullié, Berlin 1992, S. 633-638. Siehe dazu insgesamt die Erläuterungen von Maurizio Lazzarato, »Nachwort«, übers. von Birgit Mennel und Stefan Nowotny, in Gerald Raunig, *Tausend Maschinen. Eine kleine Philosophie der Maschine als sozialer Bewegung*, Wien 2008, S. 113-125.

20 Marcuse, *Der eindimensionale Mensch*, S. 14 und S. 39.

union, die »Kooperation« und möglicherweise sogar die »geheime Absprache« zwischen den beiden Machtblöcken.[21]

Guattaris Theorie des planetarischen Kapitalismus schließt an solche Ausführungen zur globalen Entwicklung dieser Gesellschaftsform an. Das »visionäre Element« seiner Theorie liegt demzufolge nicht so sehr darin, dass sie den Sachverhalt der Blockbildung in den Hintergrund rückt, um stattdessen frühzeitig jenen Prozess in den Blick zu nehmen, der heute als Globalisierung bezeichnet wird.[22] Diese Tendenz ist schon bei Marcuse zu erkennen. Die Besonderheit von Guattaris Kapitalismustheorie besteht in etwas anderem. Das wird deutlich, wenn die spezifische Problemlage betrachtet wird, auf die die Entwicklung seiner Theorie antwortet.

Tatsächlich war es Guattari nicht um eine (sozial-)philosophische Analyse der spätkapitalistischen Gesellschaft zu tun (wie es bei Marcuse der Fall war). Ebenso wenig ging es ihm um einen theoretischen und praktischen Streit über Arbeitsbedingungen in der Industrie (wie im Operaismus). Sein Ausgangspunkt war vielmehr ein antifaschistischer und antikapitalistischer Kampf auf medizinischem Terrain, ein Kampf, der darauf ausgerichtet war, gegen die herrschende Psychiatrie eine ebenso an Marx wie an Freud orientierte Praxis der Therapie zu etablieren.

---

21 Herbert Marcuse, *Kapitalismus und Opposition. Vorlesungen zum eindimensionalen Menschen, Paris, Vincennes, 1974*, hrsg. von Lisa Doppler, Peter-Erwin Jansen und Alexander Neupert-Doppler, Springe 2017, S. 52.

22 Das ist das Argument von Franco Berardi, »Integrated World Capitalism (From the simulation of global war to the reality of globalization)«, in ders., *Félix Guattari. Thought, Friendship, and Visionary Cartography*, Basingstoke u.a. 2008, S. 16-21. Dieser Text erschien zuerst als Einleitung zu Félix Guattari, *Piano sul pianeta. Capitale mondiale integrato e globalizzazione*, 2. Aufl., Verona 1997.

In den hier versammelten Texten zeigt sich diese Orientierung in Guattaris Thematisierung der »Gemeinschaftseinrichtungen«. Unter *équipements collectifs* versteht er dabei zunächst alle öffentlichen Einrichtungen, die dazu beitragen, die gesellschaftliche Arbeitskraft zu reproduzieren und zu formen: Kindergärten und Krankenhäuser (insbesondere psychiatrische Kliniken), Schulen und Universitäten, Massenmedien wie Zeitung, Radio und Fernsehen, aber auch öffentliche Bibliotheken, Sportstätten und Pflegeheime.

In dieser ersten Fassung ist der Begriff als Gegenbildung zu »Ideologie« zu verstehen. Der Kapitalismus übt seine Macht demzufolge nicht durch irgendeine Art von Täuschung oder durch die Verschleierung der realen Verhältnisse aus. Er setzt früher und grundsätzlicher an und versucht, »als semiotischer Operator«[23] die Art von Subjektivität hervorzubringen, die er für sein Funktionieren braucht. Dass der Kapitalismus buchstäblich unter die Haut geht, dass er sich der menschlichen Wesen »von innen« bemächtigt,[24] dass er in den alltäglichsten Wahrnehmungen und Gesten steckt, ist eine Grundannahme der von Guattari entwickelten Theorie.

Sodann wird unter Gemeinschaftseinrichtungen die gebaute Umwelt verstanden, in denen eine Gesellschaft nicht nur untergebracht ist, sondern die von ihr auch aktiv gestaltet wird. Angesichts der Rolle, die die Stadt in der Entstehung und Entwicklung des Kapitalismus gespielt hat, sind hierbei besonders urbane Umwelten gemeint. Insofern weist der Begriff der Gemeinschaftseinrichtungen auf die systematischen Überlegungen von

---

23 Im vorliegenden Band S. 26.

24 Im vorliegenden Band S. 34.

Henri Lefebvre zur Soziologie der Stadt und auf die historischen Untersuchungen von Fernand Braudel zurück, welche sich intensiv mit der Bedeutung der Handelsstädte für die Entstehung des Kapitalismus – dem Übergang von den Kapitalen zum Kapital – befasst haben.[25]

Auf diese Weise werden auch die konkreten Zusammenhänge aufgerufen, in denen Guattari seit den 1960er Jahren das Verhältnis zwischen Psychiatrie und Architektur, zwischen therapeutischen Einrichtungen und städtischer Umgebung, zwischen Institution und Raum erforscht und erörtert hat. Ein zweiter Gegenbegriff tritt damit auf den Plan: *équipements collectifs* sind nicht einfach »Infrastrukturen«, also etwa Verkehrswege, Nachrichtennetze oder Kommunikationsplattformen. Zweifellos gehören Netzwerke und Plattformen zum kollektiven Equipment einer Gesellschaft, aber sie bilden nur einen Teil davon. Guattari denkt die Gemeinschaftseinrichtungen in der Tat nicht primär von der Technik oder von den Medien her, sondern ausgehend von der umfassenden, ebenso technischen wie sozialen, ebenso materiellen wie semiotischen Umwelt der Stadt.[26]

---

25 Guattari bezieht sich auf Lefebvre im Vorwort zu einer Sondernummer der Zeitschrift *Recherches*, die dem Verhältnis von Psychiatrie und Architektur gewidmet ist. Siehe Pierre-Félix Guattari, »Présentation«, *Recherches* 6 (1967): 3-10, hier S. 9. Zur Bezugnahme auf Braudel siehe die Beiträge in Heft Nr. 13 (1973) dieser von Guattari betreuten Zeitschrift, das dem Thema *Les équipements du pouvoir* gewidmet ist (S. 35, S. 50, S. 90 usw.), sowie den vorliegenden Band, S. 102 und S. 115.

26 Guattari teilt hier zweifellos eine Intuition mit den Situationisten, die ungefähr zur selben Zeit mit ihrer Kunst und Politik ebenfalls am Körper der Stadt ansetzen. Siehe dazu etwa McKenzie Wark, *The Beach Beneath the Street. The Everyday Life and Glorious Times of the Situationist International*, London 2011. Zur Frage der Infrastruktur siehe auch die posthume Veröffentlichung von Félix Guattari, *Lignes de fuite. Pour un autre monde de possibles*, Vorwort von Liane Mozère, Paris 2011, in der es unter anderem heißt, dass die Gemeinschaftseinrichtungen die »Möglichkeitsbedingung für jede kapitalistische ökonomische Infrastruktur« darstellen (ebd., S. 28).

Vor diesem Hintergrund wird die doppelte Rolle verständlich, die den Gemeinschaftseinrichtungen in den von Guattari organisierten Gesprächsrunden, Tagungen und Forschungsprojekten zugeschrieben wird. So wird im Rahmen eines Projekts von *Recherches*, an dem in den frühen 1970er Jahren u.a. François Fourquet, Anne Querrien und Liane Mozère, zeitweise aber auch Deleuze und Foucault beteiligt waren, zum einen die disziplinierende, kontrollierende und archivierende Funktion dieser Einrichtungen betont. Fourquet stellt in diesem Zusammenhang etwa bündig fest: »Das ist die Funktion der Gemeinschaftseinrichtungen: die Ströme zu registrieren, erstarren zu lassen, zu lagern.«[27] Die Stadt erscheint hier als ein gigantischer Computer, als *ville-ordinateur*.

Zum anderen hatte Guattari schon in den 1960er Jahren (und zwar ganz im Sinne der Institutionellen Psychotherapie) auf der Notwendigkeit bestanden, nicht einfach »gegen«, sondern auch »mit« den Gemeinschaftseinrichtungen zu arbeiten – sie also durch das Kollektiv so anzueignen und zu verändern, dass sie dem Kollektiv und seinen Individuen tatsächlich dienen und nutzen. In diesem Sinne plädiert er in einem Themenheft über Psychiatrie und Architektur etwa dafür, »die Struktur und Funktionsweise existierender [psychiatrischer] Anstalten zu verändern,

---

27 Félix Guattari, François Fourquet und Michel Foucault, »Erste Diskussionen, erste Versuche: Ist die Stadt eine produktive Kraft oder eine Kraft der Antiproduktion?«, übers. von Reiner Ansén, in Michel Foucault, *Dits et écrits. Schriften in vier Bänden, Bd. II (1970-1975)*, hg. von Daniel Defert und François Ewald, Frankfurt a. M. 2002, S. 557-562, hier S. 559. Diese Diskussion ist dem oben zitierten Sonderheft von *Recherches* über *Les équipements du pouvoir* entnommen. Siehe dazu insgesamt Anne Querrien, »Esquizoanálisis, captilismo y libertad. La larga marcha de los desafiliados«, in Félix Guattari, *Plan sobre el planeta. Capitalismo mundial integrado y revoluciones moleculares*, Madrid 2004, S. 19-41.

um aus ihnen Instrumente zu machen, die den modernen therapeutischen Erfordernissen entsprechen«.[28] Genau hierin liegt der Unterschied der Institutionellen Psychotherapie zur Antipsychiatrie. Während letztere die Institution auflösen und abschaffen will, versucht erstere, sie neu zu gestalten und in ein Medium der Therapie zu verwandeln. In dieser Perspektive erscheint die Stadt als entscheidende Sphäre der Produktion von Subjektivität.

In den Diskussionen mit Deleuze und Foucault kommt die damit umrissene Doppelrolle der *équipements collectifs* deutlich zum Vorschein. Zunächst wird klar, dass die Gemeinschaftseinrichtungen mehr sind als die Infrastruktur einer Gesellschaft. Technische Objekte wie die Mühle oder Verkehrselemente wie die Straße oder etwa die Brücke gehören historisch betrachtet zwar durchaus zu diesen Einrichtungen.[29] Im Rekurs auf Le Corbusier und die Charta von Athen wird aber auch betont, dass Institutionen wie die Schule und das Krankenhaus, die Sportstätten und die Grünflächen zu diesen Einrichtungen gehören. Foucault ergänzt, dass die Gemeindeweiden und die Staatswälder ebenfalls zum kollektiven Equipment zählen – also das, was Marx als »Gemeindeeigentum« bezeichnet.[30]

Angesichts von damals aktuellen Entwicklungen (die Privatisierung von Autobahnen in Frankreich, die Privatisierung des Rundfunks in Italien) führen Guattari, Deleuze und Foucault dann

28 Pierre-Félix Guattari, »Présentation«, hier S. 6.

29 Foucaults Diskussion des Beispiels der Mühle ist offenkundig angeregt durch die klassische Studie von Marc Bloch, »Antritt und Siegeszug der Wassermühle«, übers. von Hubertus Biermann, in Claudia Honegger (Hrsg.), *Schrift und Materie der Geschichte. Vorschläge zur systematischen Aneignung historischer Prozesse*, Frankfurt a. M. 1977, S. 171-197.

30 Marx, *Das Kapital*, S. 752.

eine Unterscheidung ein, die aus heutiger Sicht als besonders aufschlussreich erscheint. Alle drei sehen nämlich deutlich, dass die Gesellschaften der Gegenwart vermehrt mit der Frage konfrontiert sind, ob sie ihre Bürgerinnen und Bürger als Konsumentinnen und Konsumenten oder als Nutzerinnen und Nutzer ansprechen und behandeln.

Es geht nicht um Ideologie, sondern um eine Produktion von Subjektivität: Darf man Gemeinschaftseinrichtungen wie eine Straße oder eine Bibliothek einfach benutzen oder muss man dafür erst bezahlen? Wird man in einem Krankenhaus als Patient oder als Kunde behandelt? Ist eine Universität eine öffentliche Einrichtung für Forschung und Lehre oder ein staatlich gefördertes Unternehmen zur Hervorbringung von Arbeitskräften?

In *Tausend Plateaus* werden diese Fragen mit Blick auf das komplexe Verhältnis des »glatten« zum »gekerbten Raum« einer Gesellschaft wieder aufgenommen und ausführlich erörtert.[31] 1973 ist die Diskussion noch pointierter. So definiert Deleuze im skizzierten Zusammenhang »das Recht auf Nutzung« als das »demokratische Recht *par excellence* außerhalb jeder Überwachungsoperation«.[32]

Wenn Guattari von Gemeinschaftseinrichtungen spricht, dann klagt er auch genau dieses Recht ein. Dies zeigt sich an der Art, in der er in den 1960er Jahren eine Grundmaxime der Institutionellen Psychotherapie formuliert, indem er fordert, »die Umge-

31 Deleuze und Guattari, *Tausend Plateaus,* S. 587-693.

32 Gilles Deleuze, Félix Guattari und Michel Foucault, »Durch energische Interventionen aus unserem euphorischen Aufenthalt in der Geschichte herausgerissen, nehmen wir mühsam ›logische Kategorien‹ in Angriff«, übers. von Hermann Kocyba, in Michel Foucault, *Dits et écrits. Schriften in vier Bänden, Bd. II*, S. 563-568, hier S. 567. Auch diese Diskussion ist dem oben zitierten Sonderheft von *Recherches* über *Les équipements du pouvoir* entnommen.

bung zu behandeln, ehe irgendeine individuelle Kur begonnen wird«.[33] Es manifestiert sich in den späten 1970er Jahren in seinem Vorhaben, durch die (Wieder-)Aneignung des Radios minoritäre Formen der Subjektivität zum Ausdruck zu bringen.[34] Und es liegt seinen in den 1980er Jahren unternommenen Versuchen zugrunde, den Raum der Stadt zu »resingularisieren«, und zwar nicht durch die Hinwendung zur falschen Ökologie der Grünflächen, sondern durch ein Voranschreiten zu Gemeinschaftseinrichtungen aus neuen Materialien und mit verfeinerten Gefügen, durch die urbane Aspekte der Endlichkeit erneut zur Geltung gebracht werden können.[35]

Um den Sinn und die Berechtigung dieser Aktivitäten von Guattari zu verstehen, muss man Marx nicht gelesen haben. Um aber zu begreifen, in welchem Ausmaß seine Projekte gegen den planetarischen Kapitalismus gerichtet sind, und auf welche Weise sie im globalen Maßstab der Planifizierung, also der Einebnung *und* Vorausbestimmung von Subjektivität entgegenwirken sollen, ist diese Lektüre unumgänglich.

Nur so wird deutlich, dass es nicht nur um den Widerstand gegen die materiellen und semiotischen Operatoren des Kapitals geht, sondern auch um den Kampf für neue und alte Formen von kollektivem Equipment. In einer Epoche, in der uns die Präsidentschaft von Trump den Zusammenhang von Ökonomie und

33 Félix Guattari, »Einführung in die Institutionelle Psychotherapie«, in ders., *Psychotherapie, Politik und die Aufgaben der institutionellen Analyse*, Vorwort von Gilles Deleuze, übers. von Grete Osterwald, Frankfurt a. M. 1976, S. 82-97.

34 Félix Guattari, »Les radios libres popularies«, in ders., *La révolution moléculaire*, Paris 1977, S. 367-374.

35 Félix Guattari, »Pratiques écosophiques et restauration de la Cité subjective«, *Chimères* 6/17 (1992): 95-115, sowie ders., *Schriften zur Kunst*, übers. von Ronald Voullié u.a., Berlin 2016, S. 151ff.

Ökologie mit stumpfer Gewalt vor Augen führt, ist es auch deswegen höchste Zeit, mit Guattari zu Marx zurückzukehren – und mit Marx zu Guattari.

Textnachweise

Das Kapital als Integral der Machtformationen

»Le Capital comme intégral des formations de pouvoir«, übersetzt von Ronald Voullié, in Félix Guattari, *La révolution moléculaire*, 10/18, Paris 1980, S. 67-97, © Emmanuelle, Stephen und Bruno Guattari.

Plan für den Planeten

»Plan sur la planète«, übersetzt von Ronald Voullié, erschienen in Jean-Pierre Faye, Marc Rombaut, Jean-Pierre Verheggen Hg.), *Minorités dans la pensée. Colloque Idem II: Namur, mai 1978*, Payot, Paris 1979, S. 208-220, wiederaufgenommen in *La révolution moléculaire*, 10/18, Paris 1980, S. 99-117, © Emmanuelle, Stephen und Bruno Guattari.

Der integrierte weltweite Kapitalismus und die molekulare Revolution

»Le Capitalisme Mondial Intégré et la révolution moleculaire« war ein Beitrag zur Konferenz des Centre d'Information sur les Nouveaux Espaces de Liberté 1981 in Rio de Janeiro (Brasilien), auf Spanisch erschienen als »El capitalismo mundial integrado y la revolución molecular«, in Félix Guattari, *Plan sobre el planeta. Capitalismo munidial integrado y revoluciones moleculares*, S. 57-74, © Traficantes de Sueños, Madrid 2004. Die Übersetzung von Ronald Voullié folgt der französischen Wiederaufnahme in der Zeitschrift *Politis*.

Das neue Bündnis
Ein Gespräch mit Sylvère Lotringer, übersetzt von Frieder O. Wolf, zuerst erschienen in *Alternative* 25 (1982), Nr. 145/146, S. 143-151; in Englisch veröffentlicht in *Impulse* 10 (1983), Nr. 2, S. 41-44, in Französisch erstmals veröffentlicht in *Chimères* 8 (1994), Nr. 23, S. 105-117 und später wiederaufgenommen in Félix Guattari, *Qu'est-ce que l'écosophie?*, S. 377-394, © Éditions Lignes, Fécamp 2013.

Kapitalistische Systeme, Strukturen und Prozesse
»Le capital en fin de compte. Systèmes, structures et processus capitalistiques«, gemeinsam verfasst mit Eric Alliez, übersetzt von Ronald Voullié, in *Change International* 1 (1983), S. 100-106, © Emmanuelle, Stephen und Bruno Guattari.